主编◎夏斌

首席
经济学家论坛

Chief Economist Forum

总第二辑 NO.2，2013

中国经济如何化险为夷

人民东方出版传媒

东方出版社

序言

20 世纪 70 年代以来，经济全球化与金融一体化进入了发展的飞跃时期，由于金融创新热潮与国际资本流动加快，全球经济尤其是金融的互动关系愈发显著，形成了"牵一发而动全身"的网络结构。肇端于 2007 年的美国次债危机以及随之而来的欧洲主权债务危机，对全球经济金融产生广泛而深远的影响。中国作为世界经济的深度参与者，自然也未能独善其身。如何摆脱外部变动的压力，如何寻求突破困局的破茧战略，是中国经济需要面对的严峻现实问题之一。

中国经济改革开放已经走过了三十多个年头，以丰富的自然资源和低廉的人力成本为经济动力，辅以市场化体制改革，为中国带来了长期经济繁荣与国力的迅速提升。但是，目前大家都已经看到，自然资源与人力资源的双约束、产业与地域发展的不平衡、收入差距加大与社会公平扭曲等一系列问题已经宣告了当前发展模式的不可持续性。如何寻找中国经济发展的新模式，带动中国经济结构进行战略转型，保证经济可持续发展，保持经济国际竞争力，保障社会福祉共享，是中国经济需要面对的严峻现实问题之二。

国内外经济形势的严峻挑战都表明，当前正值中国经济改革的关键隘口。全球经济学家与中国经济理论界纷纷倾情关注，奉献智慧，为中国经济发展献策献计。但是，由于众多国际学者对中国经济难以设身处地，未能清楚中国发展的特有逻辑，同时，中国许多理论界专家也未能深入经济前沿，对经济底层观察往往止于雾里看花。抑或隔靴搔痒，抑或望梅止渴，二者都无法兼顾中国源远流长的历史情愫与纷繁芜杂的现实纠结。于是，一个独特的经济研究部落——"中国首席经济学家论坛"——逐渐浮出水面，走进视野，应运而生。

相当部分的中国境内外金融机构都设置了首席经济学家职位。这些首席经济学家一般都拥有较为深厚的经济理论研究功底，同时身临许多金融发展创新前沿，而且相当多数学贯中西，清楚地认知全球经济发展动态趋势以及中国经济发展的深层逻辑。所以，相对而言，首席经济学家的经济观察与探索是较为客观，颇具现实意义的。2012年11月，中国首席经济学家论坛创设大会在上海香格里拉酒店揭开序幕，在"传递市场最真实的声音"的宗旨指引下，近20位金融机构首席经济学家畅所欲言，激烈交锋，贡献了一场经济思想盛宴。基于此，组委会热忱策划，决定将首席经济学家论坛长期化、常态化，及时集思广益，聆听市场声音，进行理论与政策高度提炼，敛思入句，凝水成冰，把诸位首席经济学家的思想编辑成册，汇成丛书呈供方家，由经济政策操手与经济研究学者一起来证言点评。

这是一次全新的尝试。中国首席经济学家必将藉此为共同平台，汇理论研究与市场观察于一堂，融全球经济与中国发展于一体，以期群策群力，为中国经济金融改革顶层设计与发展路径选择贡献集体智慧。

《首席经济学家论坛》丛书编委会

金融政策研究

论坛报告

稳增长，守风险，调结构

——中国首席经济学家论坛成果梳理

2013 年 6 月 7 日，首席经济学家论坛在天津召开，论坛自开办以来一直以"传递市场最真实的声音"为主旨，集合国内著名金融机构多名首席经济学家，收集整合市场信息及观察，提交给中央有关机构进行决策参考，并且通过研讨为市场提供对于宏观经济政策的解读和发展思路。本次首席经济学家论坛天津站的主题是"寻找守住系统性风险底线的对策，寻找稳定今年健康增长的对策"，参与此次首席经济学家论坛的演讲嘉宾包括：国务院参事、首席经济学家论坛主席夏斌，交通银行首席经济学家连平，中国国际金融有限公司首席经济学家彭文生，摩根大通首席经济学家朱海斌，中信证券首席宏观经济学家诸建芳，华泰证券首席经济学家刘煜辉，富国基金首席经济学家袁宜。

本次首席经济学家围绕当前宏观经济增长与风险防控问题进行讨论并总结出以下几个方面的观点：

一、对宏观经济未来走势如何研判?

1. 中国经济趋缓将成为必然趋势

国务院参事夏斌认为，这个趋势是中国经济发展的内在逻辑力量决定的，并不完全是经济周期问题，也不是宏观政策、宏观调控所能简单支配的。当前的国民经济正处于结构调整时期，未来经济增长未必一定保持8%以上的速度，加快发展的途径不再是单纯依靠货币政策的调控，而是平衡改革、发展、稳定之间的关系，适时进行经济结构调整。调整意味着各级政府与市场主体都不能再用过去两位数增长所积累的经验数据作为参考来布局今后的工作规划和经营计划。要从对高增长的关注转移到对改革的关注上来，要学会从改革中寻找新的增长因素。

2. 应当理性看待当前经济增速偏低的现象

中信证券首席宏观经济学家诸建芳认为，从最新的 PM 指数、汇丰PMI 指数以及用电数据和价格指数来看，经济增长可能还处在放缓中。但是，这种放缓不单单是受短期因素的影响，也与经济周期密切相关。中国经济正处于新旧周期的交替期（始于 2001 年的本轮经济周期因2008 年全球金融危机而宣告结束，而新的周期尚在酝酿中），所呈现的"周期交替综合征"与上一轮经济周期交替期颇为相似：经济增速持续回落，尽管政策不断放松，经济却难以恢复往昔的活力，内在的增长动力明显减弱（即加入 WTO 后所释放的强大的外部需求；1998 年房改后所释放的巨大的住房需求；收入增加后所释放的汽车等耐用品需求）；

价格低迷甚至通缩；经济结构失衡，产能过剩与不足同时存在；困难中需要实施新一轮改革。预计本轮周期交替期可能持续 3~4 年。

3. 房地产与中国经济稳定的关系依旧紧密

富国基金首席经济学家袁宜认为，考虑到目前房地产投资占整个投资的比重还有 20%，而投资占整个经济比重大约是一半，加之房地产业还拉动了很多上下游产业，从某种意义上讲，房地产市场的稳定，是当前阶段中国经济稳定的一个重要组成部分，而房地产市场稳定的核心，是房价的稳定。当房地产价格上升过快时，由于涉及民生，需要调控干预；当价格明显回落的时候，又会影响开发商预期，导致房地产投资萎靡。以往在房地产调控中存在供给和需求两个政策上的误区。供给政策上，通过收紧开发商的资金链来抑制投资过热和控制房价过快上涨，短期可能会加速开发商减少商品房库存，但另一个结果就是开发商会减缓购地和开发投资，一段时间以后，新增的住房供应量会减少，房价会面临更大的上行压力；需求政策上，现行限购限贷政策，在抑制投资性需求的同时也伤及了刚需。

二、现今经济运行中面临的风险主要是哪些？

与会经济学家一致认为，经济增速合理趋缓后，由于过去多年的矛盾和问题的积累，今后的政策稍有偏差就可能爆发危机，这是短期内最大的风险。系统性风险主要有：第一，地方融资平台的风险；第二，房地产泡沫破灭的风险；第三，金融体系、融资银行的风险。这三大风险又是互相关联的，三大风险引爆的共同导火索就是资金链的突然中断，而且目前已经形成三大风险爆发的传导链，其中任一个系统风险的突然爆发，都会引爆其他两个系统风险，产生经济的大振荡，从而中断改革的进程，中断中国经济的正常增长。因此我们强调以改革促增长，突出改革是最大红利的同时，又必须高度关注风险问题。

交通银行首席经济学家连平认为，2013 年 1~4 月份，信贷增量中相当一部分流向地方融资平台和房地产，而这两块的融资成本非常高。地方融资平台有 10%~15% 的投资回报，房地产超过 10% 的投资回报也比比皆是。这样一来，融资方成本就明显上升。有些规模比较小、层级比较低的平台公司，还有小的房地产公司，可能到了明年就扛不住还本付息的压力，最终导致资金链断裂。

针对金融体系的风险问题，摩根大通首席经济学家朱海斌认为，最近几年民建融资发展速度非常快，包括信托、委托贷款、小额贷款公司、地下钱庄等的融资总额到 2012 年底占中国的 GDP 接近 70%，从总量来说是 36 万亿。这一数字在 2010 年时是 18 万亿，仅仅两年时间，信托产品、金融产品扩张了将近一倍，这一情况值得担忧。

三、针对当前的经济问题有哪些政策建议？

1. 需提前释放部分系统性风险

华泰证券首席经济学家刘煜辉认为，目前的经济政策必须始终守住不发生系统性金融风险的底线。这意味着，未来在宏观层面，政府不太可能采取比较激进的方式挤破经济泡沫，而很大程度是在维持。防止经济泡沫破裂目前主要靠两个手段：一是维持汇率的强势以稳住国际收支，二是用一个非常宽的货币环境来帮助巨额存量债务存续。但这种稳定政策前景依旧不明朗。一方面美国地产复苏的迹象已经十分明显，对于货币政策正常化的讨论也逐步升级；另一方面"安倍经济学"遇到难关，日债进入高波动状态诱发整个亚太区资产市场的剧烈动荡。这些都有可能成为扎破中国经济泡沫的"刺"。今天中国经济的症结是，有大量的资源被错配至不具备经济合理性的项目和低效率的部门，而这些企业已无法产生足够覆盖利息的资产回报率。这些僵尸型企业僵而不死，并占据大量信用资源，导致整体生产率显著衰退。

针对这种情况，要成功地去杠杆，就一定要找到导致收入衰退的原因并加以克服，从而重新恢复收入增长的动能，使收入增长开始快过债务的成本。不拆弹，收入增长是很难回来的，很难无痛过渡到去杠杆阶段。主动实施经济的减速要经历阵痛，但减轻痛苦的辅助政策也不是没有：一是强化资本项管制，可考虑出台"类托宾税"政策，防止短期资本大进大出；二是经济主动减速时，可以迅速松绑汇率管制，更具弹性的货币将为已经建立了完整产业链的中国贸易部门的增长提供极具竞争力的新基础；三是变被动为主动，对待存量债务一定要采取一整套综合治理的方案，甚至不排除必要的金融救助措施，进行资产置换。突破目前僵局的政策逻辑其实取决于政府主动减速的决心和勇气，将经济的系统性风险提前释放掉。

2. 推进改革，寻找新的增长因子

国务院参事夏斌建议，继续落实新非公 36 条的具体措施，引导民资进入各领域投资，目的是让民资来替代、弥补短期内房地产投资、基础设施投资、传统制造业投资的不足，以保证中国经济的稳定增长。应该大力鼓励金融机构和工商企业以外汇和人民币对外投资，特别是对非洲、拉美各国的投资与贷款，就人民币和外汇双出去，鼓励企业、金融机构贷款投资。鼓励贷款投资，同时支持对方经济发展，用支持对方经济发展来鼓励他们大量进口中国的商品和服务，通过增加需求来促进中国的出口，来稳定我们的增长。加快以人民币换汇使用的步伐，鼓励老百姓将手中的人民币换汇到境外使用和境外投资，以释放过多的压力，包括巨大的通胀压力和资产泡沫的压力。

在刺激消费方面，除了已经采取的政策之外，要加快提高城乡居民医疗、养老、教育等保障水平，有关部门应尽快明确各项措施的具体实施时间，达到刺激消费的目的。

在城镇化方面，一方面应按照人均土地使用面积来规划节能环保指标、生态指标等多指标体系，地方政府的行政规划必须符合这样一种指标体系。同时，中央政府对各地城市化应该注重人口自然、人口环境的协调发展，确保城镇化的持续性。另一方面应明确规定，农民变市民后所必须享受的福利待遇和公共服务的内容。

3. 发挥财政政策的结构性调整作用

交通银行首席经济学家连平认为，货币政策注重总量，在结构调整上除了信贷能够发挥一定的作用外，存款准备金、公开市场操作、利率调整等都只是总量的调整，对结构性调整的作用不明显。但是财政政策可以更多发挥作用。

2013 年财政预算赤字比上年扩大了约 50%，并且目前我们在控制公款消费，政府消费支出受到一定的抑制，这些增量的资金可以考虑更多地投向所要支持的产业，以及消费和民生领域。同时，未来还需要加大财政支出力度，以期对经济运行产生较快的积极影响。

应该抓住当前契机来促使或者引导政府消费部分转向居民消费。中央财政和地方财政在抑制了公务消费后，节约下来的预算如何更好地用到支持民间消费、居民消费上，并提高社会保障的水平，加大对医疗、教育的支持力度等，应该有一个具体政策计划。同时再把这样的政策实施进一步扩大，进一步研究如何推动政府消费更多转向刺激民间消费上去。

4. 避免盲目出台新一轮经济刺激计划

中信证券首席宏观经济学家诸建芳认为，如果采取新一轮刺激措施，负面效应会非常明显地体现出来：一是三大风险（即地方债务风险、房地产价格泡沫风险和影子银行风险）会加速积累；二是产业结构将进一步恶化，制造业产能过剩会加剧；三是从国际环境来看，启动新一轮刺激计划很可能是以牺牲我国中长期经济增长为代价，来为其他国家经济复苏提供外需环境，为其他国家经济"抬轿子"，一旦美国等国家完成经济结构调整、经济出现比较强劲的增长时，中国经济因为结构问题而不可持续，增长可能迅速下来，酿成重大经济、社会甚至政治风险。因此，我们应该尽可能避免出台新的刺激计划。

建议维持"社会可接受的最低水平的经济增长"。现在很多国家都在进行中长期的结构调整，都在过苦日子，从 2013 年全球经济增长的最新预测来看，全球增长可能只有 3% 略高，美国只有 2% 左右，日本 1.6% 左右，欧盟为负增长，其他金砖国家增长也比去年有所降低，因此，中国能够保持 7% 至 7.5% 左右的增长已经不算太差。中国经济经过过去 10 年快速发展，也到了要进行结构性调整的阶段，从预期的角度来说，政府也需要引导社会不能再追求偏高的不切合实际的较高增长，让民众理性地接受一个合理的可接受的最低经济增长，以利于经济转型和中长期发展。

5. 从供给和需求两方面调整房地产政策

富国基金首席经济学家袁宜认为，在制定住房供给和需求政策方面，应当遵循以下几个原则：

第一，在供给方面，就是要增加供给。增加供给分为两个层面，第一个是增加存量房的供给，第二个是增加新房的供给。出台的措施不要对供给形成约束。

第二，在需求方面，任何行政性的伤及刚需的措施都必须是暂时的（有期限的），而且其出台的目的是为了给增加供给赢得时间。

第三，还需要尊重地区的差异性，科学预测人口流向，避免政策的一刀切。在中国的不同区域，由于人口的流向不同，未来房价的趋势是不一样的。一线城市，由于人口的持续流入，人口密度会越来越高，住房供不应求的压力较大；而很多三四线城市由于人口的流出，住房可能出现供过于求。因此，供给和需求政策要考虑地方的差异性。比如说增加供给的政策，需要挑选的是那些人口会继续流入的区域，而不是在全国范围内简单推开。毕竟某些中小城市的房地产已经供过于求了。再比如，在一些供求关系非常紧张的一线城市，短期内对刚需需要有一定的抑制，同时要给予一定的期限，而在全国范围内，不需要一刀切地实施这类措施。

经济增长与风险控制

判断、风险、增长新要素：

看清中国经济发展的内在逻辑力量

国务院参事　夏斌

一、中国正处于结构调整时期，不必纠结于增长速度

我想讲的关键是判断、风险、增长新要素。

我在 2011 年，也就是两年前的 7 月份，从趋势判断未来中国经济必然处于从过去两位数增长的平台，逐步迈向相对趋缓的平台，这个趋势是中国经济发展的内在逻辑力量决定的，并不完全是经济周期问题，也不是宏观政策、宏观调控所能简单支配的。这时候如果采取相反的过度的政策调控，只能使经济振荡加剧，并不能改变这个趋势。从中央政府到各级地方政府，从市场主体到投资者，都应该清醒地看到这一点。

现在经济增速合理趋缓，但是趋缓之后各种问题"水落石出"，面对当前的困境，应该怎么办？我认为兼顾长期和短期的利益，寻找平衡

改革、发展、稳定之路，这是我们过去取得的成功经验中的主旋律，现在恐怕仍然是唯一的出路，也是实现中国经济升级版的关键路径。

当然今天和过去相比，各方面条件已经发生了变化，我们说保持稳定，经济增长未必一定保持8%以上的速度；我们说加快发展，也不能简单理解为单纯依靠货币政策的刺激。应该说，平衡改革、发展、稳定之间的关系，是中央政府抓经济工作的方针策略，像"稳增长、调结构、控通胀、防风险"这样的提法，体现的是一种统筹思想，本身并不是对当前我国经济运行态势的判断，容易引起误解。市场恰恰需要中央政府明确，对于当前经济是基于什么样的逻辑和判断，才提出了这些方针策略。

因此，针对现在的弱复苏，以及仍然抱有的两位数增长的不合理预期，中央政府需要明确指出：当前的中国经济正处于结构调整时期，过去长时间两位数的高增长已经不可持续；应该把这一重点突出，向市场、投资者、各级政府讲明白，中国经济处于什么环境、具有什么特征。

即使讲稳增长，也不是稳定在过去几年的增长速度上；讲调整，调整意味着经济增长速度要下一个台阶。这以后将是一种常态，我们要有心理准备。调整意味着要过渡到苦日子，意味着各级政府与市场主体都不能用过去两位数增长所积累的经验、数据作为参考来布局今后的工作规划和经营计划。

这并不是悲观，调整也同样意味着进行一系列改革与结构改善，大家要从对高增长的关注转移到对改革的关注上来，要学会从改革中寻找新的增长因素。今后的增长速度相比过去10年会有所放缓，但是在大国经济体中间，中国仍然保持相对高的增长，经过改革和调整的中国经济，前景仍然是乐观的。

这是我想讲的判断，中国正处于结构调整时期，不要来回纠缠于增长速度。

二、三大系统性风险全面告急

接下来讲风险。经济增速合理趋缓后，由于过去多年的矛盾和问题的积累，今后的政策稍有偏差就可能爆发危机，这是短期内最大的风险。系统性风险主要有：第一，地方融资平台的风险；第二，房地产泡沫破灭的风险；第三，金融体系、融资银行的风险。这三大风险是互相关联的，三大风险引爆的共同导火索就是资金链的突然中断，而且目前已经形成三大风险爆发的传导链，其中任一个系统风险的突然爆发，都会引爆其他两个系统风险，产生经济的大振荡，从而中断改革的进程，中断中国经济的正常增长。因此，我们强调以改革促增长，突出改革是最大红利的同时，又必须高度关注风险问题。

因为我们今天的改革不是从零开始的，不是从一张白纸开始的，而是在固有的矛盾基础上艰难进行。因此，强调改革必须高度警惕，要保持当前社会所能容忍的最低增长速度，不排除在关键时候，采取必要的临时性过度行政措施。为了防止引爆三大系统性风险，国务院已经在多个方面采取措施。

作为平衡、稳妥处置这些问题的原则，我想强调：第一，在政策的力度把握上，在仍需面对经济增长速度合理趋缓的同时，要严防增长速度降幅过大，因为这将会涉及就业问题，涉及整个债务链全面断裂的问题；第二，坚持房地产市场以消费品为主导，坚决打击投机炒房，在这个调控方向坚决不变的同时，要防止泡沫突然破裂，突然崩盘；第三，在坚持严厉规范地方融资行为和影子银行的同时，又要预防全国各地出现融资的全面告急，重要的是把握政策力度，讲究艺术平衡。

三、严控风险，积极寻找新的增长因子

从增长的角度看，如何推进改革？守住系统性风险底线，大大推进改革，寻找新的增长因子，无疑是中国经济进一步健康稳定发展的极佳路经。为此国务院也提出新的改革措施。但是我们都知道，如果要改革，从任务的布置到情况的调研，从方案的制定到制度的落实，再到改革红利的产生，这是需要一段时间的。在这段时间内怎么寻找增长因子？下面我从既着眼于未来，又能在短期内对增长有利的角度，提供一些补充建议。

第一，在目前简政放权的同时，党中央国务院应该采取一定手段，发挥体制外的力量来全面监督政府各部委落实国务院公布的"新非公36条"的具体措施。上一届政府已经提出了"新非公36条"，我们不能中断，要继续落实到位，同时依靠市场和体制外力量监督政府各部门继续落实。政府应想尽办法把民间资本引入各投资领域，目的是替代、弥补短期内房地产投资、基础设施投资、传统制造业投资的不足，因为

制造业已产能过剩，房地产要坚决打压，基础设施政府没有钱，这三个投资领域都不同程度受到影响，怎么办？现在要想尽办法让民资进入，来保证中国经济的稳定增长。

第二，应该大力鼓励金融机构和工商企业以外汇和人民币对外投资，特别是对非洲、拉美各国的投资与贷款，就人民币和外汇双出去，鼓励企业、金融机构贷款投资。鼓励贷款投资，同时支持对方经济发展，用支持对方经济发展来鼓励他们大量进口中国的商品和服务，通过增加需求来促进中国的出口。因为金融危机之后，我们对美国、欧元区的出口大受影响，我们必须多元化出口，利用手中大量的外汇资源来稳定中国经济的持续增长。同时，加快以人民币换汇使用的步伐，鼓励老百姓将手中的人民币换汇到境外使用和境外投资，以释放过多的压力，包括巨大的通胀压力和资产泡沫的压力。

第三，在刺激消费方面，除了已经采取的政策之外，要加快提高城乡居民医疗、养老、教育等保障水平，有关部门应尽快明确各项措施的具体实施时间，达到刺激消费的目的。

第四，在就业方面，针对2013年699万大学毕业生的就业压力，政府已经宣布采取一系列政策，包括向大学生提供创业补贴、贷款担保、税费减免，以及一次性补助、见习期间的生活补贴等。总结过去几年高等院校的扩招模式，招了大量的大学生，但专业滞后，市场滞后。有很多大学生都是学金融、贸易等这些赚钱的专业，可哪来那么多就业的机会？我们应该学德国，德国是一个经济大国，一个制造业大国，技术是非常强大的，而且老百姓都很明白，不一定非要学文科才有高收入，高级蓝领工资就比一般人高。但是中国的市场环境和媒体宣传，让大学生都想玩金融，都想赚大钱，现在是很多专业找不到工作，又有很多行业找不到劳动力。面对这个状况，政府应该紧急拨付一定的财政资金，鼓励大学毕业生再参加一到两年的免费职业培训，就是帮助大学生转行，以延迟就业压力。这么做还可改变大学生的求职方向，培养大批的技术人才。

第五，当前媒体都在宣传城镇化，政府有关部门也正在研制城镇化规划。我觉得城镇化规划的重点不是投资规划，而是城镇化战略规划。投资规划是突出投资计划，投资什么、投资多少、是需要 30 万亿投资，还是 40 万亿投资，资金如何筹集，等等。这种规划容易误导地方政府继续延续过去投资至上的增长理念，其实在投资方面，政府不用规划，这个交给市场去管。

城镇化战略规划研究什么？我认为一方面应按照人均土地使用面积来规划节能环保指标、生态指标等多指标体系，地方政府的行政规划必须符合这样的指标体系。同时，在各地城镇化过程中，中央政府应该注重人口自然、人口环境的协调发展，确保城镇化的持续性。另一方面，在规划中应明确规定，农民变市民后所能享受的养老、医疗、教育等福利待遇和公共服务的内容。像这样的社会保障和公共服务的解决目标，规划中必须跟地方政府提出明确要求，第一年达到多少，第二年达到多少，对地方形成压力。要达到这样的目标，就需要钱，因此要围绕城镇化的改革来提出财政改革的配套措施，来形成城镇化动力机制的政策协调，我认为这一点恰恰是我们规划所要看到的潜台词。

第六，创新是决定一个国家最终谁能尽早走出全球危机，并保持持续增长的动力。因为时间关系不能展开说，我也不是研究创新方面的专家，我只是指出，在这方面，中国应该认真反思，尽快全面梳理总结，我们的创新体系为什么不健全，如何健全，如何进行制度调整。我认为核心是打破各种形式的垄断，加强市场秩序的监管，真正塑造有效的竞争市场环境，这样企业才能够创新。与此同时，必须减少各级组织与机构的层层盘剥，想尽办法把国家财政有限的科研经费直接分配到第一线，装到真正搞研究的科学家的口袋里，只有这样才能真正全面调动全国体制内、体制外广大科研人员的创新积极性，这才是中国真正转变生产发展方式的真正动力所在。

经济增长趋缓与金融扩张之间的背离

交通银行　连平

当下宏观经济运行有很多讨论，其中有一个很热的话题，就是经济增长速度明显减弱，而金融在四季度的扩张比以往任何时候都要快。针对这样的情况，我们怎么看，现在讨论非常多。

一、现象背后的本质：三大结构问题凸显

对于实体经济与金融两者之间的背离现象，如何去解释，我个人感觉要下一个确定的结论似乎还为时过早。但金融是宏观调控非常重要的一个手段，往往在经济增速推高过热的时候，金融就要收缩；在收缩的时候，往往出现这样一个阶段——经济增长速度很高，但金融很紧。反过来另外一个现象也经常出现，当经济增速持续回落，经济相对比较低

迷的时候，金融在宏观调控下开始放松，融资规模迅速增大，这个时候就可能出现一个阶段——增长速度短期没有上去，但是金融规模扩大了。

2009 年第二季度的状况比现在还要特殊，当时信贷是全部放开，信贷以外的其他社会融资规模并不大，但是信贷增速异常高。2009 年前两个季度 GDP 增速只有 5% 左右，而金融规模非常大，所以当时也出现过这样的现象。当时的情况我个人认为比现在还要严重。银行很清楚，当时信贷投放中有三分之一到四分之一票据都是空放，就是放给企业，企业并没有用起来，这个跟现在的状况有很大不同。现在是社会融资规模很大，主要是债券、信托、银行承兑汇票的几种形式，尤其是委托贷款，它的回报率很高，也就是融资方的成本非常高，像这样百分之十几的融资成本，就放在银行的账上，然后拿存款利率显然是不可能的。我个人认为，目前的状况还需要再观察一下，因为金融缩小规模之后，经济增长情况是不是好转，这个是有滞后期的，通常来说在三到四季度显现，这个是经验数据。

应该说 2012 年二季度之后，金融规模已经开始扩张，只是相对还比较小。2013 年一季度除了信贷以外的融资发展比较快，我相信会给未来经济增长带来影响。我们对这个现象做一些分析判断，有必要看到深层次的问题，也就是结构问题。哪些结构问题呢？

第一是增长的动力结构问题，我们一直在说，三驾马车出口增长明显薄弱，因为全球市场的需求，以及各国对中国的需求减弱，不可能在未来还保持非常高的增速。寄希望于消费，但是最近消费增长的速度是很不理想的，比 2012 年、2011 年都明显回落。投资的增速依然比较高，但这样的增长动力结构，或者这样的机制是不理想的。和 2012 年相比，这种状况不是好转了，而是更加差了。这是第一个结构问题。

第二是投资结构的问题。我们看到，2013 年 1~4 月份，投资增长的速度比 2012 年稍有回落，但是投资是分为四大块的，包括制造业投资、房地产投资、基础设施投资和其他类投资，其中回落比较快的，第一是制造业投资，第二就是其他类，恰恰是房地产增速依然还保持比较高的水平，基础设施投资增速也没有降下来，所以说投资还能够保持目前的状态，就是这两项的功劳。我们本来希望金融资金更多流向制造业投资和其他类投资这两个领域，但我们发现这两项并没有回升，所以投资的状况也是不理想，比过去差一些。

第三是金融机构的问题。现在除了信贷，还有信贷以外的社会融资，从 1~4 月份的数据来看，完全有理由相信，其中新增的金融，信贷占的比重只有 40% 多，其他融资占 50% 多。仅仅从信贷来看，无论是流向地方融资平台，还是流向房地产，监管规定信贷余额在 2013 年是不能够增加的，同时各家商业银行对于房地产也比较谨慎，因此信贷也保持平稳，除了按揭贷款明显回升之外。但是，在其他融资中，有很多数据已经表明，流到房地产和融资平台的比较多，当然这里有统计口径问题，但是总体来看，增量中流入这两块的还是比较多。所以，从金融结构来看，信贷状况基本上是可以控制的，它的结构是符合监管要求的，但如果放大来看，从整个社会融资规模角度去看，金融机构依然不能够令人满意，而且事实上是朝着不理想的状况又迈进一步，这是一个新状况。

所以，这三个结构问题，可能比所谓的背离更值得关注。

二、不容忽视的潜在融资风险

另外还有一个风险，那就是潜在风险。2013 年 1~4 月份，增量中间相当一部分流向地方融资平台和房地产，而这两块成本非常高，地方融资平台有 10%~15% 的回报，房地产超过 10% 的投资回报也比比皆是。这样一来，资金是融到了，但是成本大幅度上升了。

2013 年一季度规模以上的企业利息支出比 2012 年是减少了 50%，2012 年同期规模以上企业的利息支出增速达到了 40%，就是高速的增长，但是 2013 年这个增长速度明显回落了，什么原因呢？因为降息和利率市场化的举措。2012 年六七月份两次降息，影响到市场的预期支付状况，也就是说商业银行收入预期减少了，所以目前的增速连 10% 都不到。但是目前按照这个状况，如果融资成本大幅度上升，2014 年可能会出现增长。这个对融资主体也好、平台也好、房地产也好，会增加还本付息的压力，这个是未来要关注的。有些规模比较小、层级比较低的平台公司，还有小的房地产公司，可能 2014 年会扛不住还本付息压力，最终资金链断掉，这是我们需要关注的重点。

三、加大金融的力度支持政策导向

对于这样的状况，我想提几条建议。

第一，当前对于金融支持实体经济的表述，应该改为金融加大力度支持政策导向。要说实体经济，房地产算不算实体经济？融资平台算不算实体经济？如果我们还是一味地说支持实体经济，这个也是我们应该支持的。但是事实上政策导向不能再支持房地产和融资平台，而主要应该支持以下两大领域：第一是涉及国家战略发展的新兴的行业和产业，我们称之为战略性新兴产业；第二是国民经济当中的薄弱环节，如民营企业、小微企业等，这个需要金融的支持。所以，当前需要倡导的是加大力度支持国家政策导向的领域和行业，这样未来目标更清晰。

第二，财政政策应该更多地发挥结构性作用。跟财政政策相比，货币政策注重总量，在结构调整上除了信贷能够发挥一定的作用外，存款准备金、公开市场操作、利率调整等都只是总量的调整，对结构性调整的作用不明显。但是财政政策可以发挥更多作用。2013年财政预算赤字比上年扩大了约50%，并且目前我们在控制公款消费，政府消费支出也受到一定的抑制，这些增量的资金可以考虑更多地投向所要支持的产业，以及消费和民生领域。

同时，财政方面未来还需要加大支出。在目前经济运行情况下，多少还是需要稳增长的，当然不能采取大规模的政策变动。这一点我是赞同夏斌先生的观点的，目前这样的增长速度，总体来讲我们还是可以接受的。2013年7.5%~8%的经济增长，依然有可能实现。财政在加大支出力度的同时，支出步伐也应该加快，以期对经济运行较快产生积极的影响。

第三，应该抓住当前契机来促使或者引导政府消费部分转向居民消费。消费分成两大部门，一个是政府消费，一个是居民消费。我们看一看数据就可以明白，改革开放以来，尤其是最近10来年，政府部门在整个消费中间所占的比重在不断增加，而居民消费是在不断减小。这跟我们的目标是不一致的，个中的原因非常复杂，包括体制机制因素、政治因素等。当前有一个很好的机会，就是2013年提出对公务性消费进行管理控制，这是很好的契机。

中央财政和地方财政在抑制了公务消费后，节约下来的预算如何更好地用到支持民间消费、居民消费上去，用到提高社会保障水平，加大对医疗、教育的支持力度等方面，应该有一个具体政策计划。同时再把这样的政策实施进一步扩大，进一步研究如何推动政府消费更多转向刺激民间消费上去。不要随着时间的推移，这样的政策又烟消云散，这是我们不愿意看到的。

另外，有记者让我谈一点对资本流动的看法，因为大家都喜欢谈热钱，而2013年以来有几个现象非常特殊，引人关注。

第一，2013年1~4月份出口增速挺快，这里面很明显有虚增的现象，尤其跟香港进出口的数据很大程度对不上。

第二，2013年1~4月份外汇占款1.5万亿，2012年全年才5000亿不到，这就表明资本在流入。如果从汇率看，1~4月份人民币对美元升值不到2%，实际有效汇率升值不到5%，这个也不算非常高，当然还要看2013年下半年。不管怎么说，短期升值幅度还是比较大，我认为也是资本流入的原因。

当然汇率对于资本流入有一定的引导作用，但是资本流入压力大，最主要还不在于汇率。出口、汇率、利率、融资，这四个问题就像是一根藤上长的瓜一样，内在关系非常清楚。我大致同意，资本流入是由于利差引起的，但是仔细分析一下，银行提供的信贷利率跟境外成本之间有3%~4%个百分点的利差，恐怕还不是引起资本流入最主要的原因，最主要的原因还是上文所讲的房地产和融资平台。

房地产和融资平台对资金的需求量非常大。第一，商业银行在监管的政策引导下，对房地产的信贷投入非常谨慎，有的银行整个信贷占比是下降的。过去一段时间一直维持在6%～7%的余额占比中间，现在降到了6%以下，增量还是有增加的，但不多。第二，对于融资平台，监管部门意见非常明确，2013年余额不能增加。所以，尽管融资平台对资金需求非常大，但是从信贷获得融资非常困难，当然就要想其他的办法，于是有了信托贷款、委托贷款、承兑汇票。在这个过程中，我们认为有明显的境外资本流入的迹象。鉴于这几个现象之间的内在关系，未来可能需要综合的治理。

稳增长与控风险之间的联系

中金公司 彭文生

一、从价格和实际运用判断当前的货币融资

我主要讲两个需要考虑的问题，一是怎么看当前的经济增长；也就是稳增长，二是怎么防范金融风险，以及这两个问题之间有什么样的联系。

最近经济增长比较疲软，但是金融、货币信贷、社会融资发展比较快。怎么理解这个现象？我同意连平的观点，从货币信贷扩张到经济增长，这里面有一个时间差的问题，但是同时还有结构性的问题。我们怎么判断当前的货币融资？看价格还是看数量，这个是不是代表融资条件，要看价格以及实际运用。现在实际贷款利率超过8%，比GDP增长

高，这样的利率对实体经济来讲负担很重。但是，判断贷款利率是否太高，还要考虑企业的未来预期回报率。同样的利率，相较于企业的预期回报率来说，对实体经济很高，对房地产行业很低。由此看出，不同的行业面临不同的利率。房地产行业对利率不敏感，而其他行业对7%、8%甚至10%的利率就难以承受，这就导致融资的量没有那么大。

同时，我们还要看融资成本对收入的影响，就是所谓的收入效应。利率提高了，付的利息就多了，当然影响到现在的现金流。另外还有一个替代效应，利率决定了是今天支出还是明天支出，高利率会挤压今天的消费，将消费推迟到明天。目前这两个效应对整个经济来讲，主要还是高利率带来的替代效应，而不是收入效应，也就是说，当前的主要问题不是负债多了，利息支付就多了。为什么这样讲？整个经济体中，融资方付利息多了，投资方的收入也多了，那支出就增加了。不同的部门支出边际效应不一样，但这个差别对总体经济的影响不大。所以，目前主要还是结构性的问题。

二、汇率的双重属性

上面是讲利率，下面谈谈汇率问题。从2011年到现在，人民币的实际有效汇率对所有的主要贸易伙伴的汇率升了14%。无论是与其他国家横向比较，还是跟我们自己的历史数据纵向比较来看，这两年之内的浮动都很大，对GDP的影响具有双重性，即对实体经济的影响和对金融的影响。对实体经济的影响就是影响出口；对金融的影响是指，人民币升值对资金流入的压力非常大，整个社会的风险偏好降低，资产价格上涨，进一步刺激房地产。这是目前实体经济弱、金融发展快的原因。

现在的金融问题其实就是两方面的问题，一方面是资金的价格，无论是对内还是对外的价格；另一方面是资金的量，资金量的扩张主要体现在房地产上。怎么看待负债经济和金融扩张？按照其他国家的历史经验来看，真正危险的负债是政府的负债，我们都在讲西方的债务危机，政府的负债是导致金融危机的真正原因。

三、财税体制的结构弊端

下面简单讲讲未来应采取的政策。从目前来讲，宏观财政政策的操作空间相对大一些，实体经济需要降低利率。我们从金融租赁发展来讲，融资利率高可以更多地促进投资，从而也进一步促进消费。从财政体系来讲，我们面临的是支出效应和税收效应相结合。和民生相关的支出和投资比较低，而政府投资、包括其他的投资比较高，这不利于缩小社会差距。

税收的结构问题，我们的流转税占总税收比率60%，恐怕是全球最高的，什么叫流转税？流转税就是增值税、农业税、关税，就是每买一件商品就要交税。增值税是价值税，我们以为所买商品就值这个价格，其实价格里面有17.5%是增值税。如果把钱存起来去投资，或者去买房赚了钱，这个反而不用交税。这个对高收入群体有利，对低收入群体不利。怎么改？应该降低流转税，增收财产税，很重要的一点就是房产税。大家都在讨论什么时候征收，到什么程度？我相信房产税迟早要交。对于一个国家来讲，财税体制非常重要，越早发现问题越好。

风险逼近：中国经济能越过这道坎吗？

摩根大通　朱海斌

一、实体经济与金融体系正同时面临考验

中国经济的风险问题，第一是实体经济面临的风险，第二是金融体系面临的风险。

从实体经济来看，中国经济 2013 年一季度增长明显低于预期，同比来看 GDP 增长 7.7%，但是请大家关注环比增长速度，一季度只有 6.4%，这是 2009 年以来最低的增长速度。关于为什么疲软的原因，可以从传统的净出口、消费和投资三方面来看。

出口方面，一季度虽然官方的数据不错，但有虚高的成分。我们估计一季度实际出口增速为 8% ~9%，远低于官方公布的 17%。出口形

势实际上不容乐观。

消费在一季度出现明显下滑，这是市场没有预料到的。在投资方面，制造业投资持续下滑，动力主要来自基础设施建设和房地产投资。而对政府而言，对投资和房地产投资的依赖不是我们希望的。从经济结构来看，政府一直希望刺激消费的增长，提高实体经济投资的效率，但是从目前的数据看，经济结构方面的问题并没有改善的迹象。

关于金融体系的风险，先介绍几个数据。一个是实体经济中广义信贷的指标。根据中国人民银行公布的社会融资规模的数据，我们估计社会融资规模总量占 GDP 的比重在 2007 年大约为 130%，2012 年上升到 190%，5 年内这一比率上升了 60%。这么快的信贷增长速度是非常惊人的，也是非常罕见的。从国际经验来讲，这往往会伴随着金融体系风险的上升。

二、影子银行发展的速度是不是过快了？

另一个数据是关于中国的影子银行。我们知道，银行业在中国金融体系中一直占主要地位，而这几年非银行融资（包括债券市场）发展很快，这符合金融改革的大方向。但应该警惕的是，影子银行的发展速度是不是过快了？最近我们做过估算，如果采用广义影子银行的概念，将信托、委托贷款、理财产品、财务公司、小贷公司、地下钱庄等各种非银行融资渠道都算上，2012 年底中国影子银行总量约为 36 万亿，占 GDP 接近 70%。与各国相比，70% 这个绝对数字并不是很高。20 国集团成员国家影子银行平均占 GDP 的 110%，所以中国的影子银行还有很大的发展空间。但值得担心的是增长速度。2010 年的时候，中国的影子银行总量为 18 万亿。也就是说，在 2010 年到 2012 年仅仅两年内，我们的影子银行总量几乎翻了一倍。

现在大家关注的一个现象是，一方面广义信贷增长的速度非常快，另一方面实体经济的数据仍然疲弱。这里除了存在信贷时滞效应方面的原因外，也可能因为信贷渠道的效应在减弱。

信贷渠道效应减弱一方面是由于投资效率的下滑。我们发现 2008 年、2009 年之后，中国投资的回报率出现明显下滑。计算一下每个单位 GDP 增长所对应的投资量，2007 年不到 4，2012 年这个比率上升到 6 左右。也就是说，同样的信贷与投资增速，对实体经济的推动比以前要弱了很多。

另一方面，最近信贷似乎有部分在金融体系内空转，造成了社会融资规模统计值的虚高。比如企业从银行贷款之后，并没有运用到实体经济，而是把钱投资于信托或者委托贷款，从中间赚取利差。而随着企业杠杆率的上升，有些企业采取借新还旧的方法，甚至用新贷款支付利息。此外，最近有报道企业间应收账款拖欠的现象在增多，这也导致企业在日常营运中的非投资性贷款需求上升。

三、企业负债率上升可能成为未来最大的金融风险点

信贷的上升，尤其是增长速度的大幅提升，往往伴随着金融风险的

积聚。那么在中国，可能的金融风险点在哪里？除了地方政府债务、房地产和影子银行，我想补充一点，希望大家更多关注企业负债率上升的问题。这可能是未来几年中国金融体系面临的最大风险点。

我们先大致估计一下企业的负债水平。一个简单的方法是，先从我国广义信贷开始算。前文提到，广义信贷占 GDP 的比重从 2007 年的 130% 上升到 2012 年的 190% 左右。我们知道，社会总负债主要来自三个部门：政府部门、家庭部门和企业部门。

地方政府债务是市场非常关注的问题，就总量而言，过去几年上升很快。但是，如果按照占 GDP 的比例看，中国政府债务总额（包括中央政府债务、地方政府债务、铁道部债务和四大资产管理公司的不良资产）在过去四五年一直维持在 50% 左右的水平。而家庭部门负债主要以房贷为主，过去几年内占 GDP 的比重甚至有小幅下降。

这意味着，我们在最近几年的广义信贷，也就是社会总负债率的上升，主要来自企业部门负债率的上升。根据我们初步的计算，企业部门负债占整个 GDP 的比重已上升至 120% 左右。负债率的上升在经济保持稳定增长的情况下可能不会引发金融风险。但是，一旦未来几年由于内部和外部的因素，经济增速出现明显下滑，那就会对企业造成巨大的压力，可能会形成新一轮的三角债问题和不良贷款危机。我们在 20 世纪 90 年代有过类似的经验和教训。因此，企业负债率问题需要引起监管当局的注意和警惕。

四、当前形势下的经济对策

最近几年，政府和学者在提到经济结构转型上，经常提到要降低对投资的依赖，要刺激消费，提高居民收入在 GDP 中的占比。但是，如果忽视投资在经济增长中的作用，过度关注居民收入和消费占比，可能会造成新的政策偏差，影响未来经济发展的可持续性。

首先要明白一个问题。我们现在谈提高居民收入、促进居民消费，但是收入增长的来源在哪？整个社会最主要的财富创造者是企业，而财富在企业、家庭和政府之间进行分配。这里又回到蛋糕如何做大和如何分配的关系问题。如果企业不挣钱，经营环境恶化，整个经济增速会下滑，最后居民收入实际增长速度可能会下降。我们到时面临的问题是：是要更高的居民收入和消费占比，还是要更快的居民收入和消费的增速？

从目前来看，中国经济最大的问题在于制造业。宏观层面，制造业投资效率下滑，投资增速放缓，部分行业产能过剩现象严重。微观层面，企业目前很悲观。各种成本（劳动力成本、土地成本、环境成本）都在上升，税费负担过重，但最终需求仍然疲软，工业生产品价格一直下滑，导致利润率下降。

从政策层面，我们过去几年经济政策主要偏重于需求的增加，通过财政的刺激或者货币的宽松来刺激经济的需求。我建议，针对产能过剩的症结，目前更需要关注供给端，重点要提高投资的效率和改善投资的结构。具体建议如下：

第一，政府有关部门（如发改委）需要着重考虑，我们应该重点发展哪些新的战略性产业，如何促进技术创新和产能升级。

第二，在投资领域要创造一个公平的市场准入和市场竞争环境，在市场上实行优胜劣汰的机制，对低效的过剩产能实行关停并转。国务院几年前就出台了"新非公36条"，但如何落到实处，真正开放民间资本投资，仍然需要进一步推进。

第三，转变政府职能，推进财税改革。现在政府管得过多过宽，不仅有很大的投资性支出，而且未来民生方面的支出会大幅上升。但是财政收入的增速在下降。如果不在财政支出方面进行结构调整，政府的财政职能长期将不可持续。我们建议可以考虑尽量减少政府投资性的支出，比如变直接投资为财政补贴或支持，而让私人部门投资发挥更大的作用。民生方面的一些投资，如教育医疗，也可采取相关的方法鼓励公立和私立部门的协同式发展。

最后，尽量全面减轻企业税费负担。我这里指的不仅包括税收，而且包括企业需要承担的各种行政费用，以及社保和医疗各方面总的负担。企业减负，重新有兴趣、有心思做实业，我们的经济才不会空心化，才可以维持稳定的增长。

稳增长需警惕"周期交替综合征"

中信证券　诸建芳

一、应当理性看待当前经济增速偏低

从最新的 PM 指数、汇丰 PMI 指数，以及用电数据和价格指数来看，经济增长可能还处在放缓中。但是，这种放缓不单是受短期因素的影响，也与经济周期密切相关。

中国经济正处于新旧周期的交替期（始于 2001 年的本轮经济周期因 2008 年全球金融危机而宣告结束，而新的周期尚在酝酿中），所呈现的"周期交替综合征"与上一轮经济周期交替期颇为相似：经济增速持续回落，尽管政策不断放松，但经济却难以恢复往昔的活力，内在的增长动力明显减弱（即加入 WTO 后所释放的强大的外部需求；1998 年房改后所释放的巨大的住房需求；收入增加后所释放的汽车等耐用品需求）；价格低迷甚至通缩；经济结构失衡，产能过剩与不足同时存在；困难中需要实施新一轮改革。我们预计周期交替期可能持续 3～4 年。

因此，我们认为目前经济增速偏低具有客观合理性。

大学生就业压力加大并非是由于经济增速偏低。目前大学生就业率低主要是由于大学生知识结构脱离实际需要、职业技能差、就业观念狭隘等因素所致，即使经济增速提高一点，也未必能够解决其就业难问题，而知识结构等因素与我国现行的高校专业设置及教育体制有关。因此，通过提高短期经济增速来解决大学生就业是一个"误区"。

关于大学生就业，现在已经到了改革教育体制，适当压缩高等教育、调整专业设置、大力发展职业技术教育和职业培训的时候了。短期内，为缓解大学生就业难的痛苦，政府可以出台一些短期措施，如采用税收优惠、贴息等措施，鼓励大学生创业。

就业是结构性的问题，总体上跟前几年很不一样，过去中西部没有成长起来，所以有很多就业机会压在东部。现在通过政策的引导，中西部经济起来了，也不是像过去那样没有机会。就业压力本身已经有所减轻，如果要促进就业，我觉得很大程度还是要从培训转岗来促进就业，除了其他的手段，这一点比较重要，因为这个跟城镇化推进有很大的关系。

现在从统计数据来看，我们还有很多的就业人口在农村地区，真正要走向小康社会实现中国梦，很大一部分劳动力还要转移出来。转移出来的劳动力显示出一个很重要的特点，即不像过去那么年轻（过去主要是 20～40 岁的年轻劳动力），现在 40～60 岁的青壮年劳动力也是很重要的组成部分。如果这部分不能利用起来,一方面会浪费劳动力资源,另一方面社保也承担不起。因为现在人均寿命在 70 岁以上,以现在的保障水平,不可能很早就退休了。若对这部分劳动力加以利用,那么从政府的角度来讲,应该从战略层面考虑,这样会给劳动生态很大的帮助,对经济中长期来说也非常重要。

二、应该尽可能地避免启动新的一轮刺激

如果采取新一轮刺激,负面效应会非常明显地体现出来:一是三大风险(即地方债务风险、房地产价格泡沫风险和影子银行风险)会加速积累;二是产业结构将进一步恶化,制造业产能过剩会加剧;三是从国际环境来看,启动新一轮刺激,很可能是以牺牲我国中长期经济增长为代价,来为其他国家经济复苏提供外需环境,为其他国家经济"抬轿子",一旦美国等国家完成经济结构调整、经济出现较强劲增长时,中国经济因为结构问题而不可持续,增长可能迅速滑落,酿成重大经济、社会甚至政治风险。因此,我们应该尽可能避免新的刺激。

三、建议维持"社会可接受的最低水平的经济增长"

现在很多国家都在进行中长期的结构调整,都在过苦日子,从 2013 年全球经济增长的最新预测来看,全球增长可能只有 3% 略高,美

国只有 2% 左右，日本 1.6% 左右，欧盟为负增长，其他金砖国家增长也比 2012 年有所降低。因此，中国能够保持 7%～7.5% 左右的增长已经不算太差。中国经济经过过去 10 年快速发展，也到了要进行结构性调整的时候。从预期的角度来说，政府也需要引导社会不能再追求偏高的不切合实际的较高增长，而是应该让民众理性地接受一个合理的可接受的最低水平的经济增长，以利于经济转型和中长期发展。

2013 年下半年宏观经济展望：
守住底线，寻求突围

东方证券　邵宇

一、热钱潮涌、影子银行和步履维艰的实体经济

2013 年中国经济运行最大的不确定性就在于热钱扰局，央行数据显示，从 2012 年 12 月至 2013 年 4 月，中国银行体系的外汇占款增加了 1.5 万亿元，而 2012 年 1 月至 11 月，外汇占款的增量仅为 3600 亿元。这就造成了社会融资总量和广义货币供应量虚高，大量的资本都在寻利，而经济增长缓慢。

2013 年 5 月进出口数据残酷地告诉了市场事实真相，出口同比增长 1%，显著低于市场一致预期的 6.8%，进口同比增长 −0.3%，低于市场一致预期的 5.4%。2012 年同期相对较高的基数与 2013 年 5 月以来贸易数据挤水分，是导致后者出现显著回落的重要原因。特别是

2013 年 5 月初国家外汇管理局发文（20 号文）要求加强外汇资金流入管理，加强了对前期通过贸易渠道流入国内的热钱以及票据套利行为的监管力度。几道金牌合击下，贸易中的不正常因素被平息了，这从对香港的出口数据中就可一目了然。

5 月对香港出口金额占比从上月的 21% 左右下降至约 15% 的历史正常水平，出口同比增速从上月的 57% 骤降至不足 8%。而进口数据较 4 月的显著回落，是国内需求疲弱与 5 月大宗商品总体继续呈现回落态势两个层面共同作用的结果。所以，事实就是——没了热钱就啥都没了。问题的症结还是货币进入不了实体经济。

与此同时，最近中国银行间利率水平正在经历一次严峻考验，货币市场利率出现了史无前例的涨幅：6 月 6 日至 8 日，隔夜银行间回购加权利率和隔夜 SHIBOR 分别上涨了 128.7BP、231.2BP、135.9BP 和 112.9BP、253.1BP、141.0BP；至 6 月 8 日收盘，隔夜银行间回购加权利率和隔夜 SHIBOR 分别攀升至 9.807 和 9.851，创下历史新高；更有甚者 6 月 8 日隔夜银行间质押式回购盘中利率水平一度高达 15%。流动性如此紧张显然很难用季节性、存款准备金缴存和财政存款上缴等常规性因素来解释。传言中几家中型股份制银行之间头寸调度出现了困难，市场很自然就会去猜测部分银行在某些领域的集中信贷投放和大杠杆操作中可能蕴含大量风险。其实目前最大的风险来自监管严格化以后，季末理财产品接续技术上的困难，这可能使得银行理财资金存在不小的兑付缺口。

尽管最终可能还是会施以援手，央行前阵子的袖手旁观似乎是想让某些前期扩张过快的商业银行和其他金融机构自行吞下这颗苦果，这或许也是一种真正具有实战意义的压力测试。此外，央行亦释放出了明确的政策信号，阶段性紧缩可能在所难免。纵观 2013 年出台的各项政策：针对银行理财的银监会 8 号文，规范地方融资平台的银监会 10 号文，封堵热钱的外管局 6 道金牌，5 月重启的 3 个月央票，清查企业债券的发改委 1177 号文等，非标也好，债券也罢，还有夹杂在贸易项下的热钱，投融资双方面的不规范动作都统统在治理整顿之列。正如我们之前所指出的：1~4 月份阶段性宽松的代价就是未来几个月的相对紧缩，毕竟央行本年度中性偏紧的货币政策基调从未改变。

不过央行可能也不用那么着急了，因为全球流动性似乎已然开始退潮。近期 QE 退出预期导致市场阴云密布，受此影响，全球市场流动性状况剧烈波动。据 EPFR 数据库最新数据显示，截至 2013 年 6 月 5 日之前一周，全球资产配置格局发生了转换。从配置标的来看，6 月第一周全球股票基金净流出 62 亿美元，流出规模环比上升了 34 亿美元；全球债券基金净流出 125 亿美元，单周流出规模创下 2007 年以来的新高；货币市场基金流入 38.77 亿美元。从配置区域来看，新兴市场国家单周净流出规模创近 3 年来的新高，6 月第一周流出 50 亿美元，金砖四国出现全面流出，配置中国的全球基金上周净流出近 15 亿美元，配置国内 A 股市场的全球基金净流出 8 亿美元；发达国家市场流出量较小，约 12 亿美元。

我们预计未来一段时间全球资金从新兴市场陆续撤出应该是大概率事件，因为 QE 退出导致的市场利率和债券收益率的上升及美元指数的走强会使资金重新回流美国，新兴市场国家的市场流动性短期将面临巨大压力。再往后看，2014 年随着两只铁杆鹰——达拉斯分行的费希尔和费城分行的普罗索获得投票权以及伯南克的离开，有可能会提前退出时刻表的到来。而先前略超预期的美国非农就业数据，使得我们判断最新一个退出时点在 9 月的概率提升到 60%，而在 2013 年底则提升到 80%。此外还有一个潜在的威胁来自三季度末的德国大选，这就如同 2013 年二季度的希腊和法国大选左翼的胜利，很可能引发来自欧洲的重大风险释放。而日本近期高度波动的市场走向则更加难以控制，一旦长期国债利率再次在通胀预期起来前进一步大幅度向上突破，则整个市场将进入极度危险的不可知地带。

而中国的情况是，2013 年 5 月 CPI 数据为 2.1%，显著低于市场一致预期的 2.4%，CPI 低预期的主因是食品价格跳水。但是 CPI 非食品价格环比降 0.1%，PPI 环比降 0.6%，同比继续回落至 -2.9%（PPI 持续通缩将使得企业经营日益困苦），这都不是什么好的兆头。再结合进口数据的低迷以及 PMI 指标的"分裂症"等情况来看，经济状况可能的持续低迷以及开始出现"衰退"的风险。而关键仍然在于，在没有明确新周期发动的信号，例如新一轮城镇化出现之前，资本仍然缺乏动力进入实体经济，特别是已经显著过剩的制造业产能投资中（产能过剩 30% 往往就是经济增长下台阶的领先信号）。当然这对大危机以来的全球经济来说也非例外，而是常态。例如虽然 5 月新增人民币贷款 6674 亿元，同比增长 14.5%，符合市场预期，但其中企业中长期贷款占比不高，而新增贷款中居民按揭贷款比例较高，就是充分的印证。此外，月末广义货币供应量（M2）同比增长 15.8%，也在小幅回落。

而作为验证，在实体经济方面，5 月工业增加值 9.2%，略低于市场一致预期的 9.3%，较 4 月回落 0.1 个百分点；环比（季调）增长

0.62%，折年率增长 7.4%，较 4 月回落 3 个百分点。同时 5 月固定资产投资累计同比增速略低预期，地产、制造业和基建投资增速出现不同幅度回落，其中地产、基建单月投资增速较 4 月回落明显。特别是地产——5 月地产开发投资单月同比增长 19.4%，较上月回落 4 个百分点，新开工单月同比增长 -1.5%，比上月回落 16 个百分点。商房竣工面积单月同比增长 -0.5%，较上月回落 2.5 个百分点。唯一的慰藉在于消费。5 月社会消费品零售总额单月同比增长 12.9%，较前 4 月提升 0.1 个百分点；扣除价格因素之后，单月消费实际增速 12.9%，较上月提升 1 个百分点。消费增速回落至历史相对正常的状态，但估计市场不会对此有好的脸色。

2013 年往后看，如果这三件事情同时发生：QE 退出；影子银行融资链条被彻底打断（进而导致地方融资平台债务风险）；出台存量累进式房产税，则中国经济可能面临硬着陆风险。这会系统地改变流动性的存量、流向的预期。但这三件事情或迟或早恐怕也都不得不做，否则结果都是指向新一轮泡沫（美国和中国的）。所以现在给市场的忠告应该就是：保持阵型，守住底线，希望最好的结果，做最坏的打算（Keep formation，hold line! Hope for the best and prepare for the worst），决战时刻可能很快就会到来。

二、寻找守住系统性风险底线的对策

决策者必须特别小心，因为当系统性风险来袭时，其实是没有 B 计划的。如何未雨绸缪做好准备呢？

首先是完善央行最后贷款人制度。最后贷款人制度是金融体系的重要组成部分，这一制度对于解决商业银行暂时性的流动性不足、有效防范金融危机的传染、维护金融系统的稳定具有极为重要的作用。美联储2007 年以来一系列对陷入困境的金融机构的救助和相关政策，对稳定金融体系，恢复市场信心，起到了至关重要的作用，从实践上很好地诠释了 1797 年弗朗西斯·巴应爵士（Francis Baring）"最后贷款人"的概念。目前中国央行在最后贷款人的明确职能定位、规范救助程序、确定救助标准、完善救助手段等方面亟待完善。当下监管者应注意蓄水池（存款准备金）的调峰功能和财政稳定器作用，目前银行间市场利率高企，可能最终会影响到终端企业的融资资本，针对性的平滑操作还是很有必要的。此外，类似国家公路网规划的发布将推动着眼长远的重大基干项目投资（未来十几年投 4.7 万亿），显然适度保持经济的温度对于缓解目前号称"史上最难"的大学生就业压力依然重要，也会为进一步的结构改革提供必要的弹性。

其次是加快建立存款保险制度建设。目前对于存款保险制度基本框架的共识包括：明确规定存款保险限额；实行限额赔付原则；强制推行存款保险，防止出现逆向选择；实行与各机构实际风险相联系的差别费率，促进金融机构公平竞争；存款保险机构由政府管理并具有履行职能所需要的职权，其职能暂时设计为赔付和受托清算；投保机构按期缴纳保费累积基金；设立非公司类专门机构，管理存款保险基金，其资金主要来源于投保金融机构缴纳的存款保险费，以及从投保金融机构清算财产中的受偿所得。可以说这项制度是未来的中国金融安全网的核心部分，加强存款保险制度与最后贷款人制度协同作用的发挥，界定各监管机构的职责，明晰权力边界，强化机构间的沟通和合作，这既可以在非系统性风险爆发时提供对商业银行储户的临时救助和兜底手段，也为未来的利率市场化改革推进铺平了道路。

再次是加强对系统重要性大型金融机构的监管，必要时给予其中的违规者以警示和惩戒。借鉴国际银行业监管改革成果，完善监管理念、制度和方式，健全审慎监管体系，不断提升监管有效性。结合我国银行业改革发展实际，构建与国际标准接轨的银行业监管框架，引导商业银行稳步实施资本监管新标准，研究制定逆周期资本缓冲要求，建立更加有效的资本约束机制。同时还要考虑再次加强对信托业的风险评估和监管。

在具体业务指引上，强调银行业金融机构要坚持有保有压，在支持社会合理融资需求的同时，加强重点领域、行业和地区的风险防控，例如钢铁、光伏等，化解产能过剩行业风险。继续执行总量控制、分类管理、区别对待、逐步化解的政策，妥善应对地方政府融资平台贷款风险。严格执行房地产调控政策，落实差别化房贷要求，严格监管房地产信贷和其他形式的融资风险。妥善化解相互拖欠和相互担保严重的企业三角债风险，防止资金链断裂。加大对存量不良贷款的化解力度，夯实资产质量基础。全面布控表外业务（影子银行）风险，加强监管政策和措施的协调合作，明确监管责任，强化表外业务信息共享。完善交叉性产品综合统计和监测制度，严格表外业务确认、计量、报告和披露，确保表外业务信息真实、完整和准确。完善表外业务管理办法和操作规程，加大内部控制和约束机制建设，严格审查资金去向和风控措施，建立风险防火墙和风险代偿机制，完善应急预案，防止风险转移到表内。加强对集团客户及其关联企业的信贷管理，防范关联交易风险，严防风险传染和蔓延。

最后，还可以考虑推进新型资产管理公司（AMC）的建设以处理可能出现的平台风险和银行不良贷款（违约）风险。从 2003 年 7 月成立的海南联合资产管理公司到近期江苏正在筹备成立的省级资产管理公司，10 年间国内 AMC 多元化建设几乎处于停滞状态，与此同时，股份制商业银行和地方城市商业银行快速发展，资产规模节节攀升。据审计署最新的地方债务数据，地方融资平台的资金来源中银行贷款占比78%，而平台贷款又往往集中于城市商业银行和股份制商业银行，预计在未来一段时间这些贷款的局部性和阶段性的违约发生的概率较大，若无相应的 AMC 加以处理，加之城市商业银行本身资本金有限，极有可能诱发更大信贷风险的爆发，因此必须建立以 AMC 为载体的应急预案和处置手段。

三、寻求促进经济健康发展的对策

对于中国来说，下一个 10 年特别重要，干得好就是欧美，干得差就是拉美，所以这一两年的谋篇布局就显得特别重要。研究显示在中国重大的换届年份之后的一段时间内，会有一些固定的政策步骤，差不多就是三板斧——反腐倡廉、治理整顿和规划设计。2013 年可以找到类似的模式，仍然都是些规定动作，当然其中也不乏新意。在反腐方面，从改进政府作风反对浪费开始，也可能升级到后续的官员财产公示和抽查；而这次金融体系治理整顿的核心则是针对影子银行，目的是使得金融创新重新回到可以测度和监管的可控范围内，以免重蹈中国版次贷危机的覆辙，因为所有金融灾难的根源都是相同的——把钱借给了没有偿还能力的个人、企业或者政府；规划方向，这次的改革规划有了一个时髦的词汇表达——顶层设计。上一轮的关键设计要回溯到 1992～1994 年了，十四届三中全会给出的一揽子改革方案奠定了接下来 20 年繁荣的基础。这次情况则更复杂，利益也更多元和顽固，不过我们仍然预期 2013 年秋天大概可以拿出一个具有最小公约数性质的整体改革方案。尽管上述三个步骤都十分重要，但都还不过是些热身动作。然后呢？然后是继续推动增长，中共十八大给出的国民收入倍增目标仍然是中国未来 10 年的首要任务，对于一个大型新兴经济体，没有可持续的增长，一切都是白扯。那么如何保持经济温度，为转型改革赢得时间和空间呢？

随着我国经济潜在增速趋缓，周期与结构性问题重叠，使得中国经济处于一个换挡减速过弯的状态，在维持短期增长稳定时更应努力提高经济增长的质量和效益，合理调配长期与短期增长之间的关系，而非在短期内出台大规模经济刺激计划。尤以"新型城镇化"而言，我们并不否认，新型城镇化与新型工业化、信息化、农业现代化一起，将构成未来中国的发展路径，带来大规模的投资机会，激发最大的内需潜力。然而，在未对相关制度进行顶层设计之前，盲目推进很可能带来地方政府的投资冲动。未来的深度城市化将是一个农民工市民化、农民市民化和市民公民化的过程，它将还原经济发展的人本导向，还将生成一个更具有效率、也更具有可持续性的资源利用格局和增长模式。因此，尤其需要在顶层设计上全盘考虑，统筹规划产能布局、户籍制度改革、土地制度改革、财税体制改革、城市管理升级和农业现代化发展等各个方面，相关政策亦须着眼长远，循序推进。具体而言，2013 年促进经济健康发展的政策可以从以下几个方面入手：

首先，在政策方面，宏观管理应以事权下放、总量控制为核心，在控制金融风险的同时，充分发挥市场的资金配置作用，全面落实通过激活货币信贷存量支持实体经济发展。其中，推进资产证券化、直接融资和债务重组可能是激活货币信贷存量主要手段。在增量资金投放空间有限的情况下，让存量资产流动起来，资产证券化可能是一个不错的方向，资产证券化具有融资成本低、表外融资、增强资产流动性、提升资产负债管理和应用范围广泛等融资方面的优势。事实上，我们也可以看到社会融资总量的结构性变化正在发生，直接融资的比例逐步提高，而资产证券化也开始被越来越多的金融企业乃至实体企业所关注，政策应当予以规范引导。推进非标业务向标准业务（包括债券、股票发行和规范的 OTC 交易产品）转变，改善金融系统风险，充分发挥市场调配资金的作用，使之切实支持实体经济的发展。把资金引导到中小企业、新兴产业、服务业和在建续建重大基础设施和关键节点项目上来。

其次，逐步推进土地和财税制度改革，有效化解地方政府债务问题。在土地供给方面，转变粗放的外扩型用地方式，出让合理化，通过重新合理规划、盘活存量土地、强化节约集约用地、适时补充耕地和提升土地产能等手段提高土地利用效率、统筹城乡土地配置。逐步放开农村集体建设用地的流转，建立起城乡统一的建设用地流转市场，同时建立相应流转环节的税费体系，同时推广房产税试点范围，建立房地产调控的长效机制。财税方面，完善财政转移支付制度，建立"扁平化"的财政层级框架，合理划分中央、省、市县三级事权和支出责任，增强地方政府支出责任与财力的匹配度。完善财政预算制度，构建公共财政法案，加强人大对全口径预算的监督，包括三公经费（预算内和预算外）、土地财政和国有资本资产预算的监督。如果实现公共财政法案，则地方政府在财政公开的前提下，完全可以进行加杠杆和举债操作，并受到市场机构和纪律的监督和制约，这样就可以加快推进地方债券制度建设，取代"土地信用"融资等举债方式。

在投资方面，调整政府投资的结构，在保证重点项目、稳定经济的同时，以优化结构、提升质量、改善民生为导向，进一步提高投资有效性，促进产业升级转型和淘汰落后产能。在产业投资方面进一步活化经济自身动力，大力扶持中小企业，帮助中小企业脱困。中小企业不仅是就业、居民收入增长、税收等的主要力量，而且是经济复苏的重要支撑。汇丰与官方在 PMI 数据上的打架，很大程度上就在于对中小企业运行情况的反映。而要让中小企业走出困境的途径主要包括资金、税收和市场。其中，资金和税收是前提。如何改善中小企业的融资难、融资成本高和税收负担重的状况，必须从舆论走向现实、从纸面走向实际。

产业政策上，鼓励产业转型升级、支持调整过剩产能等。事实上，不光是从上而下的政策方向处于一个改革变奏的阶段，自下而上的经济实体本身也在寻找转型的出路。在调整结构谋求转型的过程中，市场也在做出自己的选择。结构转型、并购重组也将成为 2013 年资本市场的重头戏，据统计，2013 年以来，沪深两市上市公司并购重组案例较去年同期增加 80%。日前，证监会副主席刘新华也指出，要进一步完善上市公司并购重组机制，提升资本市场推动经济结构战略性调整的能力。虽然 IPO 暂停可能是一个重要因素，但是在周期低潮和结构转型的双重影响下，并购重组是企业结构调整、转型成长的有效途径，成为主流趋势也是理所当然。并购重组也正成为上市公司开展市值管理、促进股东价值最大化的必要手段之一，从更高的层面上看，有利于扩大企业的规模和提高行业集中度、加快转变经济发展方式。近期，两大"国字号"车企东风与广汽对福汽及中兴汽车启动重组整合，以及双汇 47 亿美元海外并购美国最大生猪及猪肉生产商史密斯菲尔德食品都是最新的案例。这也与中国对外开放进入新时期紧密相连。

最后，在出口方面，全力推进自贸区建设和各种规格自贸协定谈判。在国际需求疲弱以及劳动力成本升高带来的产业转移下，依旧利用出口退税政策优惠等方式促进外贸出口增长，作用相对有限。中国不能长期依赖外贸出口支撑经济增长，虽然中国加入世贸组织推动了经济的 10 年繁荣，但是国内市场效率仍然较低，产能过剩问题严重，合理的政策方向可能转向构建新的贸易结构，以新的对外开放来推动国内改革。一方面通过鼓励自由贸易、构建自贸区倒逼国内企业转型升级，另一方面大力支持企业"走出去"，进行"价值链环节"转型，实现对国内外资源的最优配置。加入 TPP、启动中欧自贸谈判、推进中日韩自贸区谈判等，都可能成为政策重要选项。资本账户开放也正在做出重要推进，如创新外汇储备运用，拓展外汇储备委托贷款平台和商业银行转贷款渠道，大力发展出口信用保险，推进个人对外直接投资试点工作等。最终通过新的国际贸易平衡，来助推国内经济的转型升级。

寻找稳定 2013 年经济健康增长的对策

瑞穗证券　沈建光

一、中国经济复苏基础不牢靠

早在 2012 年第四季度中国经济数据有所向好之时，我就认为中国经济复苏基础尚不牢靠，虽然政府显著加快基础设施投资及鼓励消费的政策正在产生效果，但由于改善的范围并不广，尤其政府驱动的增长模式下的产能过剩凸显了政策难题，影子银行与融资平台风险也有所显现，当时预计 2013 年经济全年增长 7.8%，前景仍有诸多不确定性。

近几个月中国经济持续放缓，使得赞同中国经济复苏基础不牢靠观点的声音日益增多。当前中国基本面不佳，具体有如下体现：消费方面，由于新政府一上任便兴起改革之风，开始反腐败与提倡节俭运动，这就导致高端白酒及奢侈品，如手表和名牌包的销售受到很大影响，饭店的营收也相应收缩。当然，除此以外，其他消费基本平稳。

投资方面，目前来看，房地产投资好于预期，但受制于产能过剩的影响，制造业投资仍然较差。基础建设投资是另一个亮点，在地方政府新一届领导到任之后，各省市纷纷加大了对机场、铁路、水利等基础设施建设，成为支持经济增长的重要力量。

出口方面，2013 年前几个月，中国对香港地区出口异常说明存在企业同一批货物反反复复通过香港或者保税区进出口而掩盖资本流入的情况，真实出口数据差于统计数据。5 月海关总署对这类行为进行遏制，数据虚增部分被剔除。虽然数据回归真实，但几乎零增长的真实数据背后，却是更加令人担忧的出口和内需状况。

通胀方面，由于疲软的经济形势，目前通胀压力弱于预期。5 月 CPI 同比降至 2.1%，除蔬菜价格回落以外，非食品价格环比也时隔 17 个月首次出现下降。PPI 持续通缩，且屡创新低，来自上游产品价格上涨动能减弱，同样验证了当前依旧疲软的需求端。

二、实体经济运行疲软已超出决策层和市场的预期

据我判断，当前实体经济运行的疲软或许已渐渐超出了早前决策层与市场的普遍预期。即便在央行不久前发布的货币政策报告中，其仍将通胀作为 2013 年下半年的主要风险而非增长，如今看来，增长与通胀的天平已发生了改变。而经济下滑超出预期也体现了经济转型的难度，

应该引起足够的重视。

虽然改革需要容忍一定的经济下滑，但也需要平衡经济增长与调结构的关系。即从中期来看，通过改革"放活微观"，从短期来看，通过宏观经济政策稳住经济增长，毕竟一旦经济下滑过快便会引发硬着陆及就业问题，以及目前已经出现的大学毕业生找工作难的情况，就业市场如果恶化的话，对于决策者来讲是难以承受的。如果认可了这点，那么2013年宏观经济政策似乎应该发挥更大的作用，以实现宏观稳定。

财政政策似乎应该发挥更大的作用，毕竟考虑到2013年比2012年赤字预算增加了4000亿，加上2013年1～5月财政支出增速大大低于过去5年，以及土地转让收入大幅增加等原因，未来实现积极财政政策的空间仍然存在。我建议，通过加快减税、增加转移支付给低收入人群和财政拨款加大基建投入等政策的推出，来抵制经济持续下滑。

而货币政策方面，可以考虑降息。原因在于当前部分中小企业融资成本较高，如一年期基准贷款利率为6%，加上2.9%的PPI通缩，实际利率接近9%。另外，当前大企业相对容易获得贷款，但未进行投资反而将钱通过信托等表外产品高价贷给小企业，造成了资金重复计算，也是当前流动性充裕而投资疲软的原因之一。而发达国家降息潮也加大了资本流入的压力。

三、结构性改革"志在必行"

谈及中国经济能否健康发展，从长期来看，仍要看结构性改革能否切实推行。首先，消费方面，造成中国消费率低的原因很多，包括预防性储蓄较高、工资占 GDP 比重不断下降、再分配机制薄弱、资本市场发展缓慢下投资渠道有限、金融服务种类较少、收入不平等、中低收入水平家庭保障房供应不足，等等，因此促进消费率提高是个长期的过程，需要相关政策协调配合。例如：从供给角度，对很多产业改造升级，如饱受诟病的奶粉行业；从需求角度，提高收入、减少税收仍是方向，特别是个人所得税的减免有利于刺激中等收入群体的消费。

其次，投资方面，产能过剩仍旧困扰中国经济复苏。而化解产能过剩也必须依靠经济增长方式的转变，改变 GDP 挂帅的地方官员提拔体系及政府对资源和生产的强大控制和影响，加快完善市场体制和机制的改革，进一步放开市场准入，严格破产退出制度，理顺市场价格体系和定价机制，发挥市场竞争优胜劣汰作用等。

再有，劳工市场方面，2013 年大学生就业形势不容乐观。这其中有经济下滑的因素，而更重要的是中国的劳动力结构问题，即步入刘易斯拐点以后，低端劳动力面临短缺，农民工工资大幅上涨。大学生新增就业岗位远不及大学扩招速度，大学生与农民工工资趋同趋势增强。因此，劳工市场之难也不太可能用简单的刺激就能化解，而是需进行深层次的结构调整。如通过制造业让步服务业为大学生提供更广阔空间；加快城镇化进程，创造更多的就业机会；促进私人投资、增加私营部门在经济中的参与度，也会为大学生提供广阔的平台。

还有，财政改革方面，当前很多结构性问题如土地财政、地方债务风险等都与财政改革滞后有关。因此，未来财政改革方面也将围绕以下四个领域加大力度：一是税收改革，包括营业税改增值税、房地产税推行至全国、个人所得税减免、资源税改革；二是中央政府对地方政府的转移支付；三是政府债务的发行，包括政府债券市场、评级完善等；四是养老金体系。

最后，金融改革方面，关于影子银行风险的讨论便凸显了金融风险，也使得加快推进利率市场化更加成熟。我认为，在所有改革中，金融改革相对最为成熟。2013 年可以在降息的同时，加快利率市场化进程，继续提高存款利率上浮范围。而从决策层的表态来看，2013 年央行也有望进一步扩大人民币交易区间，同时逐步推动资本项目可兑换方面改革，而这也必将推动人民币国际化进程向前发展。

金融政策研究

我对中国债务的理解

华泰证券　刘煜辉

一、中国走出债务困境的政策选择

最近关于中国经济前景隐忧的聚焦点在于其债务。

认为没有多大问题的人，主要的论据是资产。中国的债务对应的是资本形成，而西方的债务对应的是消费。

这样的观点通常似是而非。无论投资还是消费，最终都会对应到本国国民资产的收入上。

资产价值（资本回报率）是由其收入所决定的：若负债消耗的是本国产品，则实现本国资产的价值；若负债消耗的是他国产品，却未必实现他国的资产价值。这取决于本国在产品价值决定中的支配力，比如美国消耗中国的产品，可能更多是实现了沃尔玛等跨国公司的价值。

从根本上讲，一个健康的债务率本就不应该建立在资产和净资产的评价体系之上。

因为通俗地讲，资产是软的，负债是硬的。一个貌似适中的资产负债率背后往往是资产膨胀的结果，是资产膨胀的副产品。资产一倒，一夜之间，资产负债率就会沧海桑田。

严肃点讲，是否存在偿债风险，不光取决于净资产是否为正，还取决于资产的可变现能力和资产负债期限的匹配性。如果大量资产都是无法变现的固定资产，或一旦集中抛售就会使资产大幅贬值，则即使在账面上有正的净资产，也可能面临违约风险。中国地方政府目前所面临的就是这样的问题。

二、债务堆积的本质是收入的衰退

资产说到底是收入的贴现，收入不行，资产也倒了。从这个意义上讲，债务问题背后的实质是经济增长问题，债务快速堆积的实质是收入增长的衰退，简单讲，就是生产率不行了，经济增速（名义）开始显著落后于债务增速，意味着新增收入很难用于偿付旧债的本息。

债务过高反转过来会紧缩需求，从而造成进一步减速。这通常是一个正（负）反馈加强的过程，这一过程一般会存在某一变快的临界点，如哈佛大学的卡门·莱因哈特（Carmen Reinhart）和肯尼思·罗戈夫（Kenneth Rogoff）两位教授 2011 年出版了畅销书《这次不一样》（*This*

time is different），对债务和增长的关系进行了研究。他们的研究显示：
90% 是（企业或政府）债务与国内生产总值（GDP）之比的一个临界
值，若高于 90%，经济增长的骤降可能性显著上升。

中国经济为什么从 2010 年中期下行以来，基本上就是一个台阶一
个台阶往下走，中间没有再出现过一次强劲的反弹？根源是债务紧缩了
需求，羸弱的需求可能使得"合意"的库存水平不断下移，所以这一
轮去库的过程走得有点绵绵无期。

从产能周期和债务周期角度判断，中国可能已经进入顶部的时间窗
口。从 2009～2012 年间，中国经济的整体债务率上升了近 60%（从
2013 年一季度的信用扩张状态看，杠杆可能还在快速上升，因为一季
度社会融资总量的增速显著超过名义 GDP 增速 12%）。2012 年中国的
非金融部门债务达到了 GDP 的 2.21 倍，这对于一个发展中国家来说是
很高的。成熟的经济体可以将其非金融部门债务维持在 GDP 的 2 倍以
上，因为其家庭财富水平较高。在中国人均收入 6400 美元的情况下，
没有哪个国家可以维持这样的债务水平，包括在 1997 年陷入债务危机
的东亚经济体。

产能和债务是一个硬币的两面，产能是实物经济，债务是金融经
济，产能过剩在金融层面的映射实际上就是债务的堆积。背后的逻辑
是，由于产能过剩，项目投下去以后难以产生现金流，投资回报极低，
收入产生的速度远远滞后于债务，因此表现在金融层面的特征就是债务
的堆积，而债务杠杆的上升又反过头来对总需求形成极大的制约。

三、为什么"金融热、经济冷"？

债务堆积在货币层面的反映是货币周转速度不断变慢，货币量虽然快速上升，但实体经济的融资成本依然高企（政府扩张挤出效应），经济增长越来越依赖于新增货币的推动。由于货币沉淀，虽然每年社会净融资规模巨大，但形成增量部分的比例越来越低，很多信用的投放是维持存量债务的存续（借新偿旧）。比方说每年新增的企业存款占社会净融资的比例从 2002 年以来显著下降，在 2008 年以前平均在 58% 以上，而 2012 年已经滑落至 28%，尽管 2012 年社会净融资高达 16 万亿，占 GDP 的比例超过 30%。

2013 年一季度 6.16 万亿社会净融资的投放，但经济增长只取得同比 7.7%，环比下滑至 6.5%。那么钱都到哪里去了呢？

社会融资总量中的重复计算可能是存在的。比如说，大企业能获得大部分低成本信贷资源，也可以通过发行低息债券（短期融资券、中期票据和企业债）获得资金，然后再通过委托或者信托贷款的形式通过银行进行跨企业的信贷活动，并从中获得利差收入。这些资金主要去向是政府融资平台和房地产。

商业银行自 2012 年开始就已经在用短期贷款置换中长期贷款，因为之前投放的项目陆续建成，但产生的现金流堪忧。

另外影子银行融资也是帮助将要到期债务存续的重要通道，这里提供一个看问题的角度：一季度存款同比多增 2.35 万亿，其中企业存款同比多增了 1.68 万亿，同时一季度社会融资总量同比多增 2.26 万亿，其中人民币信贷同比多增 2900 亿，但是信贷以外投放（委托＋信托＋企业债）同比多增了 1.24 万亿，再加上未贴现的银票同比多增的 4000 亿，基本上可以与企业存款的增加对应上。因为 2013 年下半年债务到期量比较大，而企业可能预计 2013 年晚些时候影子银行监管将收紧，所以它们提前完成借款，并将资金存起来。接下来可继续观察企业中长期信贷和企业存款的变化。我的感觉，相当部分的企业存款未必能进实体，很多资金滞留在偿债环节。以非金融部门的存量债务规模，假设以年率 5.5% ~6% 计息，一年利息支出 6.3 万亿~6.9 万亿。这一年中还会有本金的偿付，假设中国的本金偿付非常宽松，所有到期债务都能展期，光利息支出占社会净融资的比例就超过三分之一。

四、走出债务困境的政策选择

去杠杆是痛苦的。被动去杠杆过程（紧缩支出），的确会加剧经济减速，从而进一步削弱其偿还能力，其结果是去杠杆实际失灵。因为这时候（债务/可支配收入）分子分母可能都在做减法。

成功地去杠杆，一定是找到导致收入衰退的原因，能克服它并从而使收入增长重新恢复动能，以及收入增长开始快过债务的成本。

今天中国经济债务问题的症结是，存在大量的资源错配至不具备经济合理性的项目，大量错配至低效率的部门，以至于许多企业已无法产生足够覆盖利息的资产回报率。这些僵尸型企业难以灭亡，并占据大量信用资源而得以存活，导致生产率显著衰退。

所谓"发展中解决问题"，现实中是没有的。历史上走出债务困境只有两条路径：一是抽货币付出萧条的代价（主动挤泡沫，让该死的都死掉，某种程度意味"创造性破坏"的发生），历史上陈云、朱镕基、保罗沃尔克都做过；二是"水多了加面"，叫货币深化，把政府控制的资源重新释放给市场，在中国叫产权改革。

尽管主动实施经济的减速要经历阵痛，但减轻痛苦的辅助政策依然很多：

（1）强化资本项管制，可考虑出台"类托宾税"政策，防止短期资本大进大出；

（2）经济主动减速时，可以迅速松绑汇率管制，增强弹性的货币将为已经建立了完整产业链的中国贸易部门的增长提供极具竞争力的新基础；

（3）要变被动为主动，对待存量债务一定要采取一整套综合治理的方案，甚至不排除必要的金融救助措施，进行资产置换，类似于朱总理当年 AMC 的撇坏账模式，如发长期低利率特别债券对现有银行债权进行购买，积极推进债务重组，大量坏账留在银行体系内是非常危险的状态，这样银行会变成"僵尸银行"，资本和流动性吃紧，未来外部风险冲击时，银行根本没有反周期操作的能力，会放大经济"硬着陆"的风险。具体执行的技术细节可以再进一步探讨，比方说这一次中央可能要跟地方和银行商谈一个价格，不能全额埋单，要倒逼硬化约束机制的建立。

走出债务困境的政策逻辑，其实取决于政府主动减速的决心和勇气，将经济的系统性风险提前释放掉。

中国整体与部门债务率的测算及评估

华泰证券　刘煜辉

一、中国经济的整体债务规模估算

我们的估算思路：鉴于中国部门统计数据缺陷，我们拟先行估算全社会的整体债务。

·以金融系统（央行、其他存款性公司和其他金融性公司）为金融中介，通过它们对非金融部门（政府、非金融企业以及家庭）提供信用。这是中国全社会债务形成的主体。

·政府、非金融企业以及家庭相互之间提供信用，形成债务，这体现为：企业和家庭直接从市场购入政府债券和企业债券；企业间应收账款；民间私人借贷等。

·政府、非金融企业以及家庭从国外部门借入的外债。

·金融系统的债务不考虑通货和存款，剩下的主要是金融债以及从国外借入的外债。

1. 金融系统对非金融部门形成的债务

这个部分的估算将依托中央银行公布的"存款性公司概览"和"其他存款性公司的资产负债表"进行，因为中国还是个以商业银行体系为主体的金融结构，80％的债务都是通过商业银行或依托商业银行形成的。

根据 2012 年末的"存款性公司概览"和"其他存款性公司的资产负债表"，存款性公司对非金融部门的债权为 69.43 万亿，其中：

（1）对非金融企业债权（银行对非金融企业部门提供的信用）：53.41 万亿。

（2）对其他居民部门债权（银行对居民部门提供的信用）：16.02 万亿。

（3）存款性公司对政府净债权（央行和商业银行买入国债等对政府部门提供的信用）：5.07 万亿。

（4）存款性公司对其他金融部门债权：6.06 万亿，这里面既包括央行对非银行金融机构的债权，也包括商业银行与非银行金融机构合作投放信用（即银行将贷款项转化为投资项的业务），另外四大国有商业银行持有的四大资产管理公司债券也在其中。

（5）除了传统的表内信贷以外，近年来商业银行通过大量的同业创新方式（同业代付、买入返售、票据对敲等）对实体经济投放信用，估算如下：

其他存款性公司对其他存款性公司的净债权（债权－负债），再剔除银行持有的政策性金融债（7.86万亿）和商业银行债（1.27万亿），这部分信用规模估算是3.72万亿。

（6）银行开展银行承兑汇票、保函、信用证和贷款承诺等传统表外业务，票据、信用证等工具是银行同业业务的重要载体，这里我们只计入未贴现的银行承兑汇票的规模，根据中央银行《2012年4季度货币政策执行报告》，2012年末未到期银行承兑汇票余额是8.3万亿，期末贴现余额为2万亿，故未贴现的银行承兑汇票余额为6.3万亿。

（7）银行通过理财产品"资金池—资产池"模式实现的表外融资业务。根据银监会披露数据，截至2012年12月末，银行理财产品余额7.1万亿，其中64%投向债券和项目融资类（非标债权），这部分规模为4.54万亿。

目前热议中的中国"影子银行"体系，并非是由市场化的金融中介（非银行金融机构）独立完成的融资，这些"类信贷"的融资业务绝大部分都是在银行体系内完成的（因为客户、资金都是银行的），所以更准确的定义应是"银行信贷的影子业务"。

从商业银行角度看，由其主导的"影子业务"的规模大致是（4）＋（5）＋（6）＋（7），其中要剔除四大国有商业银行所持有的四大资产管理公司债券，即截至2012年末，银行主导的"影子业务"的规模为19.6万亿。

如果我们将以上（1）至（7）相加，大致可以估算出整个存款性公司向非金融部门（政府、企业和居民）投放的信用规模：计95.12万亿。

（8）计算由非银行金融机构主导的债务形成估算：

（8.1）非银金融机构（信托、保险、券商、基金、租赁、小额贷款公司）投放的信用，这中间需要剔除非银金融机构为银行提供的通道业务。我们根据目前能查到的数据进行估算。

信托资产规模在 2012 年 12 月达到 7.47 万亿，其中 68% 属于单一信托（基本为通道业务），32% 是向企业和富裕家庭直接发售的产品。

保险在最近两年推出基建债权投资计划，据保监会副主席陈文辉披露，截至 2012 年 12 月末，保险机构累计发售 83 项基础设施投资计划、11 项不动产债权计划，备案金额 3025 亿元。

券商资管业务规模爆发式增长，从 2011 年底的 2819 亿增长至 2012 年底的 1.89 万亿，但其中绝大部分都是为银行提供通道服务，券商自主管理的资管计划的规模有限。

租赁、基金和私募与地方政府合作的 BT 代建项目融资，最近两年增长很快（无法统计）。

由于数据信息不全，我们无法准确估算这些非银行金融机构目前直接投放的信用规模（剔除通道业务），但粗略估计在 3 万亿左右。

（8.2）此外，小额贷款公司贷款余额 5921.38 亿（村镇银行 2012 年末贷款余额 2205 亿已经纳入其他存款性公司统计口径）。

由非银行金融机构直接投放信用形成的债务(8) = (8.1) + (8.2)：计 3.6 万亿。

2. 非金融部门相互信用形成的债务

政府、企业和家庭不通过金融系统，部门之间和部门内部都可以发生信用形成债权债务关系。

（9）典当、担保、第三方支付平台等民间融资中介机构的借贷活动：中央银行 2011 年 5 月调研统计的民间融资规模在 3.38 万亿①，我们以此为基础，粗略估计 2012 年末民间融资的规模为 4 万亿。

（10）企业和居民直接对非金融部门的债权（即企业和居民从市场买入的政府债券和企业债券、企业间应收账款等）。我们大概知道其中一些信息，比如，2012 年 12 月末储蓄国债（电子式）余额：3561.58 亿；工业企业的应收账款净额 8.22 万亿。这里我们粗略估计为 9 万亿。

3. 非金融部门从国外部门借入的外债

（11）估算对外负债：截至 2012 年底，非金融部门借入的外债余额 4879.38 亿美元，以当年汇率平均价计算，折合人民币 3.07 万亿元。

此外，企业部门通过非正规渠道借入的外币私债可能存在相当规模（比如，通过境外募资，然后与国内企业在境外机构进行货币互换交易转入国内）。在过去人民币渐进升值的路径中（特别是最近 3 年），由于美元的利率水平较低，其贷款利率甚至低于人民币的存款利率，因此如果负债外币化，企业可以轻易地从中获得显著收益。而更加重要的是，人民币兑美元存在着长期升值趋势，以一年期贷款为例，在合同初期，企业可以以 6.50 的价格获得美元贷款，到期时只需要支付 6.30 甚至更低的购汇价格，来实现向银行的还款。在这个过程中，企业不仅获

---

① 2011 年人民银行启动民间融资现状调研，针对 6300 多家民间融资的资金融入方（企业）和资金融出方（民间融资中介机构）进行了专项调查。调查显示，截至 2011 年 5 月末，全国的民间融资总量约 3.38 万亿，占当时贷款余额仅 6.7%，占企业贷款余额比重为 10.2%。

得了利差，也获得了汇差，更重要的是，这几乎是无风险的。这些业务到底有多大的规模，目前无法估计。

至此，我们大体完成了对中国经济中非金融部门（政府、企业和居民）整体债务规模的估算：（1）至（11）相加，估算是114.8万亿人民币，相当于2012年GDP（51.9万亿）的2.21倍。

4. 金融部门的债务

（12）不考虑通货和存款，截至2012年12月，金融部门的债务包括政策性银行金融债78582.33亿，商业银行债12652.6亿，中外资金融机构借入的外债余额2829亿美元，以当年汇率平均价计算，折合人民币17822亿元；合计10.9万亿。

故此，中国经济的整体债务规模等于（1）至（12）相加，估算是125.7万亿，相当于2012年GDP（51.9万亿）的2.42倍。

二、部门债务的估算

债务的部门结构估算是比总量估算难度大得多的一项工作。

1. 居民部门

居民部门债务相对比较容易估算，因为正规途径只有银行体系为居民提供信用，计16万亿，另外小贷公司、典当、担保、第三方支付平台以及地下借贷都可为自然人提供贷款，粗略估算2万亿。居民部门债务规模在18万亿左右，相当于GDP的34.7%。

2. 政府部门

政府部门债务估算困难在于地方政府债务。

中央政府对内债务：8.07 万亿（其中包括中央代地方发行政府债券 6500 亿）；

国务院部委借入的主权外债余额 375 亿美元，以当年汇率平均价计算，折合人民币 2362.5 亿元；

铁道部债务：2.66 万亿；

地方政府债务：根据审计署两会期间的表述，15 万亿至 18 万亿（这个表述应该纳入了地方政府融资平台的债务）[1]，这与我们的研究结果比较一致[2]；

处置历史金融不良资产及其转化形式存在的或有负债：4.2 万亿[3]；

---

[1] 审计署副审计长董大胜在参加两会小组讨论时透露，中国各级政府的负债在 15 万亿到 18 万亿左右（《上海证券报》2013 年 3 月 5 日）。

[2] 华泰证券研究报告《估算地方政府债务》（2013 年 3 月 25 日）：从债务来源的角度，测算 2010 年以后的地方政府债务组成情况，主要有平台贷款、城投债、中央代发地方债、信托公司的政信合作余额、保险资金基础设施债权投资、券商资管和私募合作的 BT 代建债务融资、上级财政借款、其他借款等。2012 年底，平台贷款 9.3 万亿，城投债存量 1.77 万亿，信政合作 5016 亿，保险资金基础设施债权投资 3240 亿，中央代发地方债 6500 亿，上级财政借款 6800 亿，其他借款 1.59 万亿。结果发现，地方政府债务金额 2011 年为 13.2 万亿，2012 年达到 15.3 万亿，2013 年预计在 16.3 万亿。

[3] 1999 年以来，中国对金融系统进行了多次财务整合，处置了大量不良资产。金融机构处置其不良资产可有很多方式，包括剥离和核销不良资产、注资、发行特别国债、央行票据和再贷款以及吸引财务投资者等。但是，无论如何处置，无非只是不良资产发生了形式上的变换，绝不意味着它们已经消失（如由商业银行的不良资产变成了央行的不良再贷款）。因此，金融机构不良资产的一部分仍然作为主权负债存留着（目前央行对其他存款性公司债权 1.67 万亿，对其他金融性公司债权 1 万亿，应该其中有一些是过去金融救助中形成的不良再贷款），另一部则转化成了其他形式的或有负债。1999 年以来，包括四家国有商业银行和国家开发银行政策性剥离不良资产，2003～2008 年四家国有商业银行股份制改造财务重组过程中剥离可疑类、损失类不良资产和核销损失类资产，以及央行再贷款资产损失等在内，处置银行不良资产形成的或有负债约为 4.2 万亿元（中国社会科学院《试编中国主权资产负债表》课题组估算）。

高校债务：6000 亿；

故此，估算的政府部门债务在 30.8 万亿~33.8 万亿左右。相当于 GDP 的 59.34%~65.12%。

应该承认这可能仍是一个偏小口径的估算，比方说以隐性养老金债务为主的社会保障基金缺口等应该计入。如果估算主权债务的话，私人部门的对外债务通常情况下应由债务单位来偿还，不过，一旦发生资金不足难以偿还的状况，就需要由政府动用预算来兜底。因此，我们认为，可能也有必要将其纳入主权外债的统计之中。截至 2012 年底，中国外债余额 7708.33 亿美元，以当年汇率平均价计算，折合人民币 48562 亿。

3. 金融部门

金融部门债务：10.9 万亿，相当于 GDP 的 21%。

4. 非金融企业部门

总债务规模减去金融、政府和居民部门债务，剩下的可估算作非金融企业部门债务：63 万亿~66 万亿左右，相当于 GDP 的 121.4%~127.2%。

三、债务状况的评价

我们计算了 1999 年以来的中国经济债务率的变化情况。由于历史数据估计的困难，我们只选择计算了银行系统对非金融部门（政府、非金融企业和居民）供给的信用规模［相当于（1）至（7）］，这个部分只需要借助中央银行所编制的"其他存款性公司的资产负债表"以及历年的《货币政策执行报告》，不存在主观推测的数据，所以结论更具备强健性。

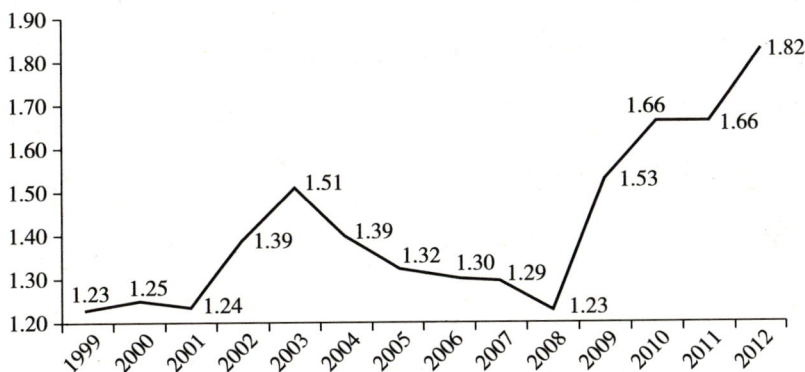

资料来源：CEIC，中国社会科学院

图1　银行系统对非金融部门提供的信用/GDP

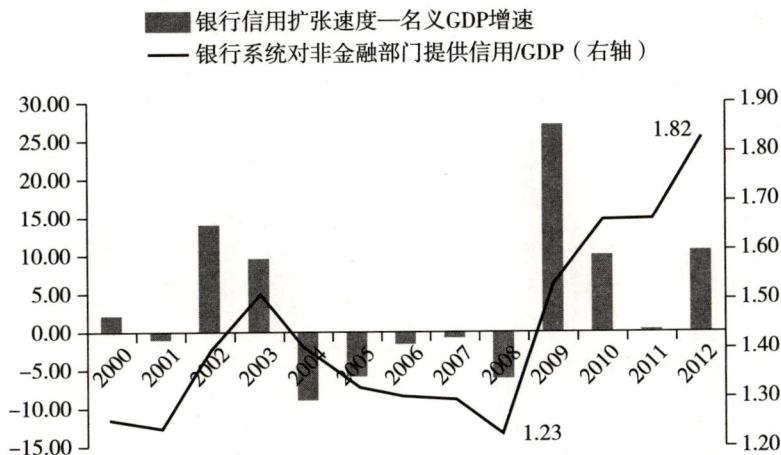

■ 银行信用扩张速度—名义GDP增速
—— 银行系统对非金融部门提供信用/GDP（右轴）

资料来源：CEIC，中国社会科学院

图2　银行信用扩张速度显著超出经济增长速度

　　如图1、图2所示，2003年至2008年中国的非金融部门的债务率是下降的，受益于全球化和人口红利，中国的经常账户盈余有效地支持了国内的投资。但2008年后，中国坚持在外需停滞的情况下靠投资扩张强行维持经济的高增速，非金融部门债务率因此大幅上升了59个点，银行系统对非金融部门提供信用/GDP的比例在2012年达到了182%，特别是2012年，在已经很高的基础上，为了稳增长的短线政治要求，又显著推高了16个点。如果债务增速始终快于GDP增速，意味着新增收入很难用于偿付旧债的本息。

　　2012年中国的非金融部门债务达到了GDP的2.21倍，这对于一个发展中国家来说是很高的。成熟的经济体可以将其非金融部门债务维持在GDP的2倍以上，因为其家庭财富水平较高。在中国现在人均收入6400美元的情况下，没有哪个国家可以维持这样的债务水平，包括在1997年陷入债务危机的东亚经济体。（参见图3）

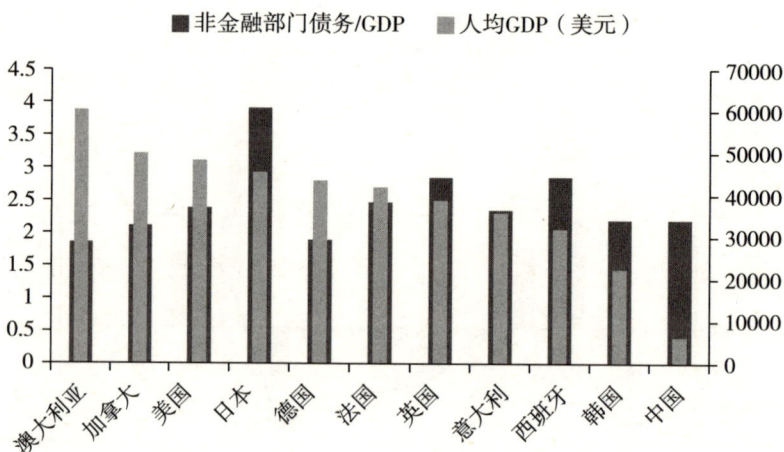

资料来源：CEIC，MGI（2012），中国社会科学院

图3　发达国家与中国的非金融部门债务比较

如果按照更宽口径测算（计入以隐性养老金债务为主的社会保障基金缺口等），政府部门的负债率可能显著超出60%的国际安全线。

中国非金融企业部门债务率水平（相当于GDP的121.4%～127.2%）在目前OECD国家中居于最高水平档。对成熟的经济体而言，企业债务一般会达到GDP的50%～70%，中国是这个数字的2倍①。（参见图4）

非金融企业债务/GDP

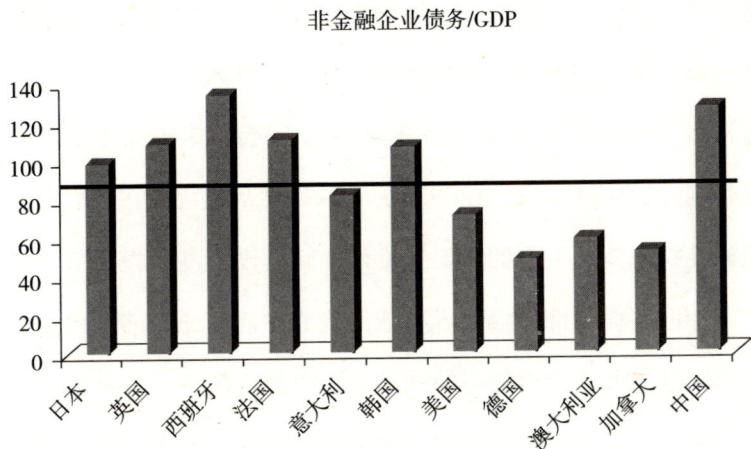

资料来源：CEIC，MGI（2012），中国社会科学院

图4　非金融企业部门债务的国际比较

中国的工业企业盈利能力（利润/销售收入）只有5%～6%，仅为全球平均利润水平的一半。意味着中国企业的债务负担是全球平均水平的3～4倍。

---

① Cecchetti等人（2011）的研究表明，适度水平的债务能提升福利、促进增长，但高的债务水平具有破坏性；他们用18个OECD国家1980年到2010年的资金流量表数据进行估计，研究结论表明，政府部门的债务阈值是85%（债务/GDP），企业部门的债务阈值则是90%（债务/GDP）。一旦超过阈值，随后发生经济困难或危机的可能性会大幅上升。

2012 年，中国广义货币供应（M2）余额为 97.42 万亿元，M2 与名义 GDP 的比值达到 188%。货币量/GDP 在古典货币数量论中的经济学涵义是货币的流通速度（倒数的概念）。某种程度，可以把货币流通速度理解成为一个经济体的经济效率的指标。

如果一个经济体存在大量的资源错配至不具备经济合理性的项目，大量错配至低效率的部门，以至于许多企业已无法产生足够覆盖利息的资产回报率，而在地方政府竞争体制中，许多僵尸型企业难以灭亡，这些企业占据大量信用资源而得以存活。如此，收入产生必然变慢（宏观上叫潜在增长水平下沉），微观上是收入速度会越来越显著落后于债务的速度，杠杆会快速上升。

债务堆积在货币层面的反映是货币周转速度不断变慢，货币量虽然快速上升，但实体经济的融资成本依然高企（政府扩张挤出效应），经济增长越来越依赖于新增货币的推动。由于货币沉淀，每年虽然社会净融资规模巨大，但形成增量部分的比例越来越低，很多信用的投放是维持存量债务的存续（借新偿旧）。（参见图 5）

比方说每年新增的企业存款占社会净融资的比例从 2002 年以来显著下降，在 2008 年以前平均在 58% 以上，而 2012 年已经滑落至 28%，尽管 2012 年社会净融资高达 16 万亿，占 GDP 的比例超过 30%。

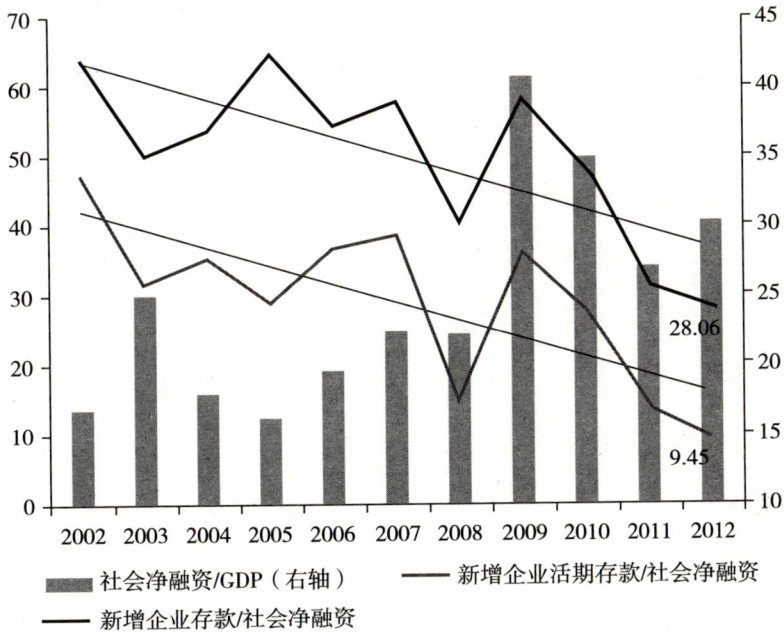

资料来源：CEIC，中国社会科学院

图5　"借新偿旧"债务滚动愈加艰难

本文参考文献：

［1］Cecchetti，Stephen G.，M. S. Mohanty，and Fabrizio Zampolli，2011，*The real effects of debt*，BIS working paper No 352.

［2］McKinsey Global Institute（MGI），2010，*Debt and deleveraging*：*The global credit bubble and its economic consequences*，www. mckinsey. com

［3］李扬、张晓晶、常欣等，中国主权资产负债表及其风险评估（上），《经济研究》2012 年第 6 期。

房地产业与经济陷入了"死循环"

富国基金　袁宜

一、房地产市场的稳定事关中国经济的稳定

我想谈一个具体的行业——房地产，房地产跟宏观经济有着非常紧密的联系。

首先我想谈两个现象。第一个现象，谈到房地产，大家马上会想到房地产调控。确实，从 2005 年开始我们经历了一轮一轮的房地产调控，但最后对房价的影响呢？除了在 2008 年房价出现过明显的回调，以及在每次房地产调控措施出台以后，房价会有个别月份出现环比的回落外，大部分时间房价还是上涨的。总体来看，似乎我们遇到这样一个情况，房价越调越涨。

第二个现象，房地产和经济之间好像陷入了死循环。当经济下行压力很大的时候，宏观政策层面会放松，会扩张货币供应，就像 2008 年的时候，以及 2012 年六七月份的连续两次降息。然而，当货币加速扩张后，往往实体经济还没有明显回升，房价已经有反应了，随着房地产需求的回升，房价涨了。这意味着在不远的将来会有新的房地产调控出现。房地产调控又会导致成交量的萎缩和投资的低迷，再过一段时间，大家又会开始担心经济了，就是这样一个死循环。

显然，这两个现象说明，我们的房地产市场处于不稳定的状态。考虑到目前房地产投资占整个投资的比重还有 20%，投资占整个经济比重大约是一半，因此房地产对于中国经济而言，目前还占据举足轻重的位置。加之房地产业还拉动了很多上下游行业，可以说，现阶段没有哪一个行业能够立即取代房地产业的地位。因此，从某种意义上讲，房地产市场的稳定，是当前中国经济稳定的一个必要组成部分，而房地产市场稳定的核心，是房价的稳定。当价格上升过快的时候，由于涉及民生，需要调控干预；当价格明显回落的时候，又会影响开发商预期，导致房地产投资的萎靡。

二、房地产调控在供求政策上的两大误区

怎么做到房价的稳定？经济学入门的时候就说，供求决定价格。在此，我先想说两个在过往房地产调控当中遇到的供求政策上的误区。

一是供给政策。每次要调控房价的时候，都会听到一个词叫"收紧

开发商的资金链"。如果调控的目的是抑制投资过热，这么做无可厚非。但若是出于控制房价过快上涨这一目的，那么收紧开发商的资金链，尽管在短期内可以迫使开发商加速售楼，但另一个结果就是开发商会减缓购地和开发投资。这样，一年以后，新增的住房供应量会减少，房价会面临更大的上行压力。其实，当前中国部分城市面临的房价上行压力，就和前两年的调控和收紧开发商资金链有关。

二是需求政策。我们所采取的一系列行政调控措施，比如限购限贷，确实伤及了刚需，怎么看待这个问题？对于中国的某些一线城市，我们发现，每年新增的住房供应套数低于这个城市新增的家庭数。这意味着，先不说改善性需求，首次置业需求就能导致该城市住宅市场的供不应求。在这种环境下，一定程度上对刚需的抑制是必要的。但抑制刚需的举措必须满足一些原则，以免民怨沸腾。

接下来，我们谈谈房地产市场的供求有哪些和一般商品供求不同的特点，这将直接关系到房地产供求政策该如何制定。

房地产市场的供给和一般商品供给最大的差别，是住房供给的周期相对偏长，从拿地到预售，最快的速度是六个月，通常需要一年甚至更久。因此，如果需求在短期内爆发，供应显然是跟不上的。同时，任何针对当前房地产市场出台的政策，都必须考虑到一年之后对新房供应量的影响。

从需求方面看，第一，房地产不仅是一个消费品，也是一个投资品。作为投资品，价格上升的预期带来需求的增加，价格下降的预期带来需求的减少。这和消费品正好相反。第二，住宅这种商品是易于储存的，这意味着，住房需求可以提前几年释放，也可以滞后几年释放。举个例子，婚房作为一种刚需，在正常的情况下，是从学校毕业后工作了一两年，然后开始为结婚买房，这是需求的正常释放。然而，当产生房价未来会明显上涨的预期后，这个需求会怎么表现呢？就是还没有毕业，爸妈已经把婚房买好了。同样是刚需，但是会提前释放。

三、房产税如何发挥调控作用？

考虑到房地产市场供求的特性，在调控的时候我们需要注意什么呢？

从供给来看，就是要增加供给。增加供给分为两个层面，第一个是增加存量房的供给，第二个是增加新房的供给。

说到增加存量房供给，大家就会想到房产税。然而，房产税的不同征法，会带来截然不同的效果。一种是对增量房开征房产税，包括增量触发存量的房产税；另一种是对存量房开征房产税。

对增量房开征房产税，影响的是需求，是抑制需求的措施。比如，你已经有三套房，再想买一套，那这四套会合并计算应征税额，不买则不征税，这样，你就会考虑是否还要再多买这一套，如果多买就要多上税。

但如果增量房产税要经历逐步试点推开的过程，那效果又会发生变化，会在短期内刺激需求的增加。一旦某城市被列入增量房产税的试点名单，未来住房需求会受到一定程度的抑制，那就趁着还没进入试点名单以前，赶紧出手买房。仅仅是即将被列入增量房产税试点名单的传闻，就会导致需求在短期内集中爆发，进而推高房价。

对存量房开征房产税，会同时影响供给和需求，是增加供给并抑制需求的措施。比如，现在宣布要征存量房产税，第一套免征，第几套后要征重税。这样的措施一旦出台，就会使得一些房产过多的人，考虑是不是要卖掉几套房，这个是增加供给的措施。同时，也会对新增需求形成抑制。不论存量房产税的开征是否需要经过试点，效果是相仿的。

从增加存量房供给、稳定房价的角度来讲，显然开征存量房产税会更为有效。当然，关于存量房产税，还有很多细节需要探讨，比如第几套房是可以免征税的、税率怎么设定、如何减少既得利益群体的反对。从有效性上来讲，希望是全国主要城市（比如统计局公布房价的 70 大城市）联网统一计算住房套数，明确首套房（甚至第二套房）免征，税率可随超额套数（或超额面积）递增，对超过一定套数的要征收重税。同时，可适当放宽免征套数（如对第二套也免征），并在实施前给予一定宽限期（如明确两年后推出），给多套房所有者以变现的时间，由此减轻反对压力，并能增加供给。

增加新房供给有两个方向，一是多建保障房，二是多建商品房。

保障房能建多少，涉及地方政府的财力。而且就算 3600 万套保障房全部建成，也仅占现有城镇住房存量的三分之一，大量的房子还是要靠市场解决。

增加商品房供应，特别是 90 平方米以下刚需房的供应，需要通过市场化手段（包括使用价格杠杆）引导开发商的行为。一个设想是，如果某些城市确实存在新房供不应求的情况，那么针对这类城市是否可以提出这样的方式：如果你的房地产开发项目主要是 90 平方米以下的刚需房，并且开发商能承诺在拿地后一年内形成销售（预售）的，那你的项目资本金比例可以降到 20%，你的开发贷款利率可以比基准利率下浮 10%。考虑到房地产开发多以项目公司法人的形式存在，在适当的监管下，贷款被挪用的风险可控。此外，作为一种约束的手段，前两年给你的贷款利率是下浮的（第一年开发，第二年预售），但是从第三年开始，利率往上浮 20%，第四年上浮 40%……引导开发商尽快销售，不要囤货。

需求方面，前面也提到，当前对于某些城市，供求关系确实非常紧张，以至于必须要有某些限制刚需的措施存在。然而，我想指出的是，在出台这种伤及刚需的措施的同时，需要给刚需一个明确的预期——这个措施会持续多久，当措施取消的时候，房价会不会比现在高。过往的经历表明，这类措施之所以会引起民怨不断，很大一方面是源于对历次调控效果的失望，以及对行政性措施解除遥遥无期的绝望。

一个设想是，比如宣布两年后将在全国 70 个主要城市联网开征存量房产税，同时立即落实对刚需房开发项目的政策支持。那可以预期的是，在未来两年内，存量房和新房的供应会明显增加，而且存量房产税的即将实施，会有效地抑制当下需求的不合理增长；同时，配套宣布，两年后会放松限购和限贷，也就是跟刚需说，你就再熬两年，我们两年内有能力把房价稳定住，这样，对于限购、限贷的反对声应该会明显减弱。

总结一下，在制定住房供给和需求政策方面，希望能够遵循以下几个原则：

第一，增加供给。出台的措施不要对供给形成约束。

第二，在需求方面，任何行政性的伤及刚需的措施都必须是暂时的（有期限的），而且其出台的目的是为了给增加供给赢得时间。

第三，还需要尊重地区的差异性，科学预测人口流向，避免政策的一刀切。在中国的不同区域，由于人口的流向不同，未来房价的走势是不一样的。一线城市，由于人口的持续流入，人口密度会越来越高，住房供不应求的压力较大；而很多三四线城市由于人口的流出，住房可能出现供过于求。因此，供给和需求政策要考虑地方的差异性。比如增加供给的政策，针对的是那些人口会继续流入的区域，而不是在全国范围内简单全面推行。毕竟某些中小城市的房地产已经供过于求了。再比如，在一些供求关系非常紧张的一线城市，短期内对刚需要有一定的抑制，同时要给予一定的期限，而在全国范围内，不需要一刀切地实施这类措施。

四、拐点出现时的危与机

中国的人口问题在全世界来看出现了比较特殊的情况，我们知道人口方面有两个拐点，第一个是人口红利的拐点，第二个是刘易斯拐点。在整个人口结构中，劳动力适龄的人口占总人口的比例越高，那人口结构就越年轻，就越能享受人口红利，说白了交五险一金的人比提取养老金的人多，需要抚养的人少，每个人交的钱就少，这样全社会的成本就偏低，经济发展速度也会较高。

第二个是刘易斯拐点，就是农村剩余劳动力的拐点。如果农村还有大量的闲置劳动力可以流到城市工作，整个工资水平就会是比较偏低的状态。

过去几十年，我们同时享受着这两种红利，农村劳动力大量进入城市，而且全社会的人口结构也比较年轻。这造就了我们在劳动密集型产业上的低成本优势，使我们的低端制造业在全球市场的占有率有显著的提升。

很不幸的是，2007年前后我们经历了刘易斯第一拐点，就是农村劳动力不再是无限供应了，农民工工资显著提升，每年大概20%左右的速度。

到了2010年前后，我们又遇到了人口红利的拐点，人口抚养比开始回升。

这两个拐点的出现，意味着我们在低端劳动力上的优势正在丧失。我们之前为什么要保8%的经济增长速度，就是新增劳动力就业需要一定的经济增长速度，如今，经济增速降到7.5%，农民工就业问题还没有发生，而且很多地方还在说民工荒，这种情况是在最近一两年才发生的。

我们观察其他的一些国家，包括日本、韩国，这两个拐点前后相差了大约20年，是先经历刘易斯拐点，20年以后经历人口红利拐点，而我们是差不多同时经历这两个拐点。我们就突然发现，低端劳动力从供过于求，变成了供不应求。为了满足低端劳动力就业所需要的经济增长速度明显下降了。

然而大学生就业遇到了明显的困难。这里面有结构性的就业问题，大学生的知识和技能不适应当下劳动力市场的需求。

　　但如果我们能够借鉴过去 10 年的经验，当我们低端劳动力供应比较充沛的时候，我们产生了什么优势？我们的劳动密集型产品在全球攻城略地。那么，现在大学毕业生的供应显著增加，会导致大量使用这类劳动力的行业的工资水平维持在相对偏低的状况，可能带来的是"工程师红利"。比如，华为、中兴这样的企业，每年招收大量的应届毕业生，这些供应源源不断，这类使用相对学历层次偏高的工程师的企业，消耗这样劳动力的企业，他们的竞争优势会在全球市场有显著的提高。从这个角度，我们或许能在危机中，看到一些机遇。

中国金融改革的次序

——传统政策组合逐步失效下的政策选择

澳新银行　刘利刚

在过去的两年中，伴随着离岸人民币市场的不断发展，中国未来进一步金融改革的蓝图似乎也呼之欲出。然而，资本账户开放、国内利率市场化以及人民币汇率制度安排，孰轻孰重，是否按照一定的顺序，却仍然存在争论。

我们认为，国内金融机构的成熟以及利率市场化是整个金融改革的基石，在此基础上，逐步推进资本账户开放以及货币政策（包括利率以及汇率政策）的现代化，是中国金融改革应该严格遵循的路径。

一、现象：市场开始更加波动

1. 市场流动性突然紧张

伴随着资本账户的逐步和变相开放，中国境内市场的流动性开始呈现出越来越大的波动性。

2013 年 6 月初的流动性骤然紧张，让市场感受到了一丝恐惧。在毫无征兆的情况下，货币市场的流动性突然出现了枯竭，7 天回购利率在端午假期前上升至 10% 以上，而这样的高利率即使在当年中石油火爆申购时也没有出现过。端午假期后，7 天回购利率也没有出现预期中的下滑，交易水平也一直持续在 7% 以上，而此前的常规水平大约在 3% 左右。（参见图 6）

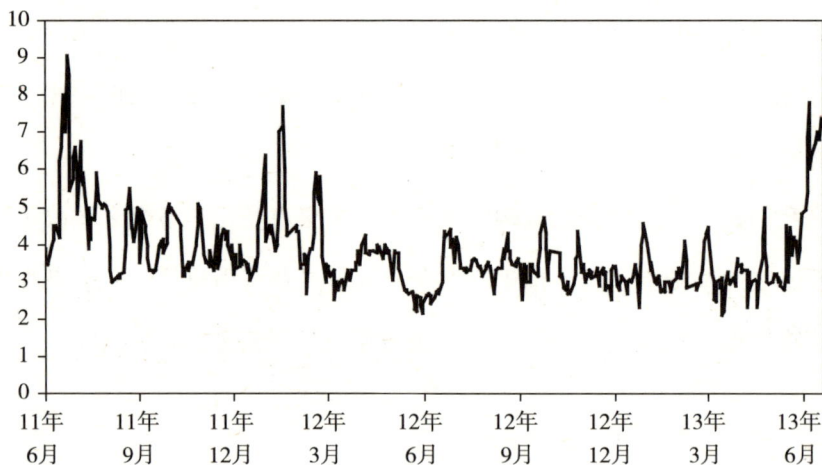

来源：彭博，澳新研究

图 6   中国 7 天回购利率

市场将流动性紧张归结为这样的几个因素，企业需要在 5 月底之前上缴去年全年的税收，上市银行需要在 6 月底之前准备资金支付股利，这些被认为是常规的季节性因素。

一些事件性的因素则包括，此前海关开始清查跨境贸易中的虚假出口、并从事套利交易的资金，这些资金的流入放缓，也意味着境内流动性的减少。媒体则也报道称，在 2013 年端午长假前的流动性紧张中，有一家中资银行出现资金违约，即资金到期时未按约定将资金划入另一家银行。一时间，流言四起，也导致了市场开始恐慌可能出现的信用违约。

流动性骤然紧张，而在过去的几个月中，市场的流动性却显得相对宽松，这主要是因为从 2012 年第四季度以来，中国出现了大规模的资本流入。央行数据显示，2013 年 1~5 月，中国银行体系的外汇占款增加了 1.6 万亿元，而 2012 年 1~11 月，外汇占款的增量仅为 3600 亿元。（参见图 7）

中国外汇占款变动
（10亿人民币）

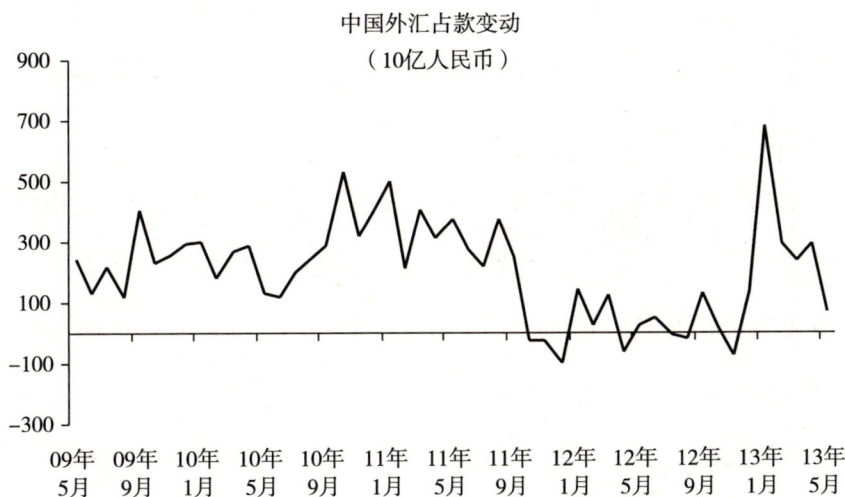

来源：万得，澳新研究

图 7　中国外汇占款变动

外汇占款被认为是监控资本流入的最好指标，这是因为外币资产进入境内，需要通过外汇交易转换为人民币，而其外汇交易的主要通道是商业银行，因此商业银行购买多少外币，就需要相应释放一定金额的人民币。

在中国的外汇管理体系下，商业银行手中持有的外汇最终需要与央行平盘，这也就成为了央行货币创造的源泉。

一旦资本缓进，境内市场的流动性就出现了"失血"的迹象，这也不得不让人怀疑市场的稳定性。

2. 离岸市场的挑战

与以往相比，资本的流动开始变得更加快速和频繁。

新的挑战来自于离岸人民币市场。近日，香港多家银行上调人民币定存利息吸引存款。中银香港宣布，2013 年 4 月 2 日起至 4 月 30 日，在该行存入 2 万元人民币，3 个月和 6 个月可分别享受 2.3% 和 2.4% 的年利率。中银香港"打头阵"之后，恒生、渣打等银行陆续跟进，调高人民币定存利率。

而与之形成鲜明反差的是 2012 年底至 2013 年初，因为人民币流动性充裕，香港银行业一度下调人民币定存利率。2013 年 1 月，汇丰银行对 1 万~50 万元以及 50 万元以上定存账户，只分别给出 0.55% 和 0.60% 的低利率。

在短短的几个月时间内，香港市场上的人民币利率为何出现了如此大的变化呢？我们认为，这与人民币的升值存在着密切的联系，而更加重要的是离岸市场对人民币的需求开始明显上升。

那么人民币去哪里了？我们的调研发现，很多企业开始利用人民币跨境贸易平台，将海外人民币输入内地。一般而言，这些企业往往采取这样的方法，在海外提取人民币贷款，然后通过跨境贸易平台将人民币输入境内，再将这笔资金存入国内银行。由于海外人民币贷款利率低于境内人民币存款利率，这样的一种套利交易也显得利润丰厚，而更加重要的是，这样的一种套利交易不存在外汇风险。

与这一现象形成印证的是从 2012 年第四季度开始，中国的出口开始大幅度上升，而这样的上升也在周边国家的贸易一片萧条中显得异乎寻常。出口飙升的背后是否存在着跨境套利交易的因素，曾引发市场的广泛关注。但伴随着 2013 年 5 月份出口的突然减速，中国出口的高增速破灭，表明此前中国官方的严厉清查开始见效，但也从侧面证明了出口商通过贸易渠道输入热钱。（参见图 8）

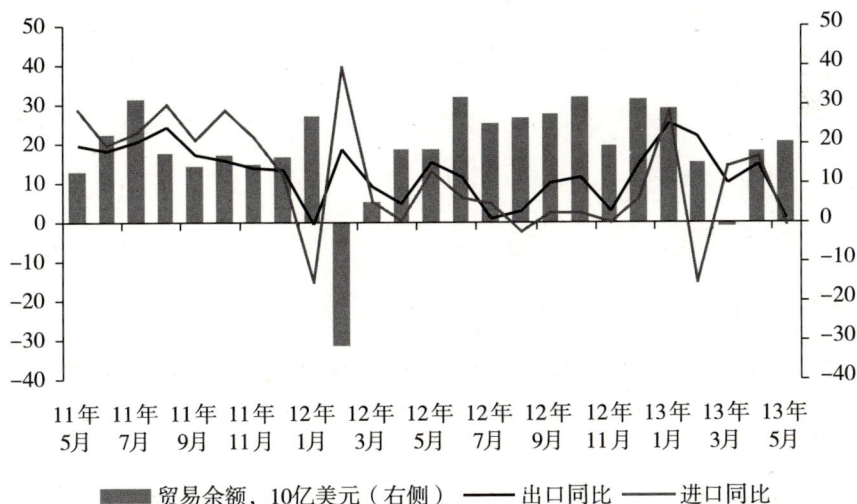

贸易余额，10亿美元（右侧）　　出口同比　　进口同比

来源：万得，澳新研究

图 8　中国贸易发展

海外市场对人民币的需求，直接导致了香港银行上调人民币存款利率，而人民币的利率上升，也鼓励了外汇交易商买入人民币，这也造成了人民币在海外市场的升值，并对境内市场的人民币汇率造成压力。

二、短期策略：应该考虑降息

1. 减少利差才能减少资本流入

从上述的分析来看，境内外的利差是导致资本流入的重要原因，我们的观察也发现，美元利率与人民币之间的利差，与中国的资本流入之间存在着正相关关系。（参见图9）

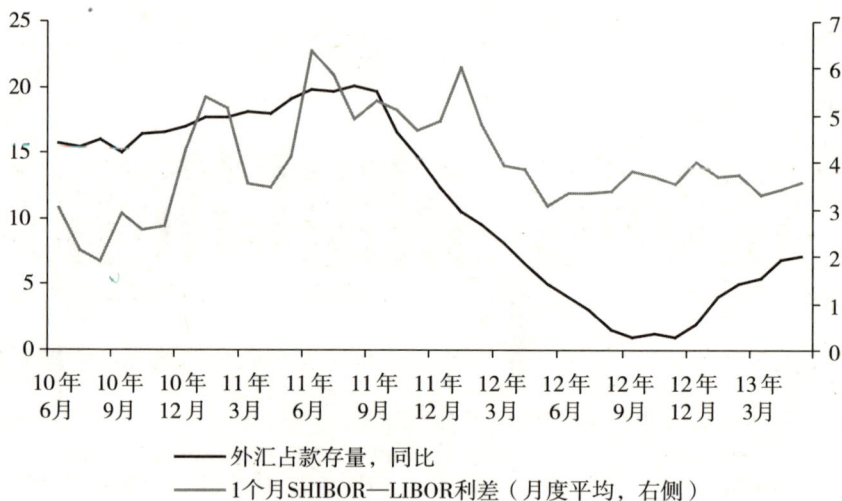

来源：彭博，澳新研究

图9　中国 SHIBOR—LIBOR 利差和外汇占款

资本流入造成了人民币汇率的相对走强，尤其邻国日本其日元大幅度贬值已经造成了中国制造业的竞争力大幅下滑。我们的调研也发现，很多澳大利亚矿产商本来对中国的重型机械很感兴趣，认为其质量接近日本品牌的同时，在价格上确有很大的优势，但伴随着日本从 2012 年以来对人民币贬值的幅度超过 30%，很多矿产商选择重新购买日本重型机械——因为日本产品的性价比显然更高。

汇率显然成为大国之间较劲的重要工具，但事实却是，在主要亚洲货币的贬值浪潮中，人民币的过度升值，已经开始侵蚀中国制造的竞争力。一个显著的现象是，2013 年大学生的就业状况已经变得异常困难，就业市场疲软的背后，正是反映了宏观经济的困难。

但从另外一个角度来看，与日本央行高举量化宽松的清晰步调相比，中国央行的货币政策和汇率政策却有些让市场费解。由于央行多年以来一直在执行"稳健的货币政策"，这导致了在外部环境出现变化的情况下，货币政策难以出现显著的变化。

从目前的状况来看，在 G3 经济体普遍保持宽松利率环境的大背景下，中国的货币政策操作明显表现出了明显的滞后性，举例来说，在澳大利亚央行的"突然"降息后，中国的利率水平成为了世界主要经济体中的最高值，这也导致了中国成为了国际套利资金的热土。伴随着套利资金的进入，人民币汇率也不断走强。

如果汇率水平过度强势，则意味着中国可能因为大宗商品进口价格的下行，同时终端需求被抑制，而面临通缩的压力，与此同时，大量热钱的流入则可能导致资产价格的上行，最终导致中国经济政策选择面临两难困境。

华尔街有一句名言：不要跟美联储对着干。这句话的背后，代表着由于央行的政策工具十分丰富，投资者很难长时间内逆势而为。在全球金融结构中，G3 国家的央行仍然掌握着举足轻重的话语权，而中国央行仍然缺乏与之抗衡的能力。从这个角度来说，与其与发达经济体的央行对着干，还不如加入"降息"的队伍，以保持自身的竞争力。

当然，国内的经济条件也意味着降息的条件已经具备，进入 2013 年年中，中国经济又展现出疲态，与此同时，通胀压力也开始明显减轻。5 月份的 CPI 通胀率仅为 2.1%，不仅远低于市场预期，中国也开始从 2012 年初开始实现了实际正利率。与此同时，PPI 通胀率则连续数十个月为负值，这也意味着终端需求仍然较为萎靡。

这样的情况使我们相信，中国应该尽快降息来减少资金流入，并通过降低企业的财务负担来提振经济的表现。

2. 房价会阻碍降息么？

但很多市场观察人士却指出，房价仍处在上升通道中，将影响中国央行的降息进程。

这似乎是一个有道理的担忧。货币政策是否应该对资产价格作出反应，一直以来就争论不休。但总体而言，货币政策本身对于房价的影响效果仍然是十分有限的，从中国的现状来看，房地产市场的调控需要一系列的政策，这不仅包括货币政策，也包括税收、户籍以及行政举措。

从另外一个角度来说，中国维持相对较高的利率，吸引更多的资本流入，而这样的资本流入可能导致房地产价格进一步上升。与此同时，伴随着资本账户的逐步开放和变相开放，中国的房地产开发商也开始转向海外寻求更加便宜的资金，其资金来源的多元化，事实上也决定了国内的货币政策对其的影响将越来越小。从某种角度来说，对于在这种状况下推升的房地产市场泡沫，国内的高利率反而起了推波助澜的作用。

接下来，让我们回到房贷本身，很多观点认为降息会导致房贷利率下降，从而导致需求的上升。但我们知道，中国的房贷利率每年调整一次，年中降息并不会影响存量房贷利率在本年底的调整，而"转按揭"的可操作性几乎不存在，这意味着降息对已经拥有房屋者的利率下降并不会很快实现。

以此为基础，在差别化房贷利率的影响下，房地市场的"投机者"，即所谓的"非首套房"，其实也不会实现所谓的利率成本下降。从过去两次降息来看，央行都强调了商业银行必须严格遵循差别化利率政策，即非首套房利率和首付均需要上浮，这也意味着在目前的状况下，降息根本不会触发房地产市场的大规模投机行为。

对于房地产开发商来说，基准利率的影响其实也已经越来越小，这主要是因为在过去的几年中商业银行已经普遍减少了对房地产企业的信贷投放。这导致了很多企业开始转向海外和非银行金融体系进行融资。对于大型房地产企业来说，海外美元融资的成本事实上显著低于国内的人民币贷款成本，同时人民币的持续升值也意味着其财务成本的下降，在这种情况下，大量海外廉价资金进入国内房地产市场，也意味着货币政策和窗口指导的尴尬——在国内资金成本上升的情况下，房地产企业早已经在海外寻找到了更加便宜的资金来源。

另一些企业则通过信托等寻找资金，而信托业定价的唯一标准是房地产企业的利润率，而非基准利率。当然，对于房地产企业来说，最重要的资金来源仍然是购房者的首付，而首付的比例越高，其资金压力则越小，而差别化的房地产信贷政策，则逼迫着购房者缴纳更高的首付。（参见图 10，图 11）

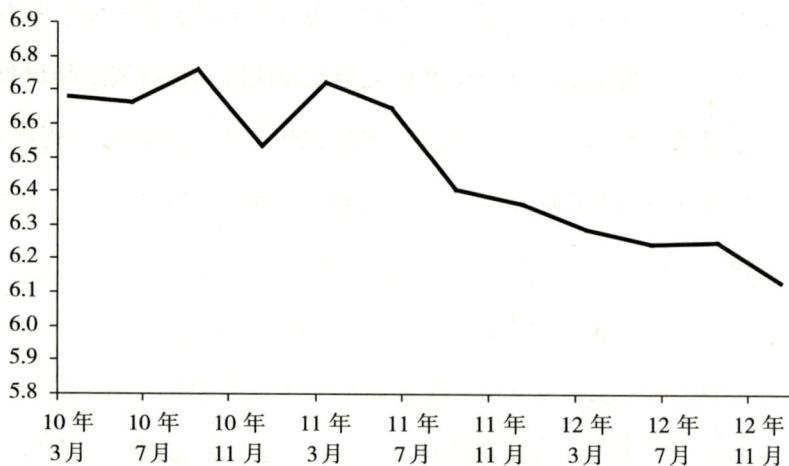

来源：彭博，澳新研究

图 10　中国房地产贷款占整体银行信用百分比

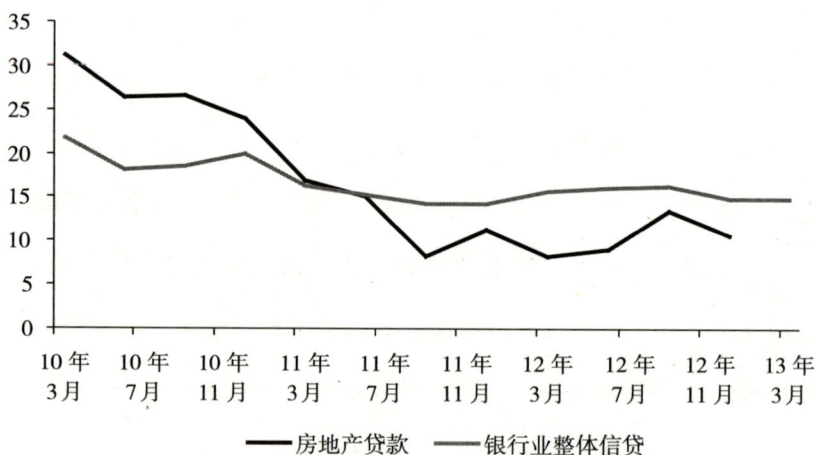

来源：彭博，澳新研究

图 11　中国房地产贷款及整体银行信贷（同比）

从这些状况来说，资本流入可能导致房价越来越坚挺，而中国保持紧缩的货币政策，则意味着房贷的成本越来越高，而二手房的价格则可能进一步走高——卖房者最终仍会把信贷成本转嫁至购房者身上。

我们认为，控制地价对于控制房价来说其实更加重要，地方政府控制着土地，并通过控制供地节奏来保证土地转让收入，事实上是房价上升的最根本因素。事实上，土地溢价率从 2012 年初就开始出现上升，而这时房价却仍然在底部徘徊，这其中的内在逻辑值得深思。而伴随着地产大鳄们从海外获得更加便宜的资金，其拿地的能力也将不断上升，地王可能也会不断出现。（参见图 12，图 13）

当然，房地产市场从根本上来说仍然取决于供需关系。我们的实地调研也发现，在中国的三四线城市，房价在过去一年并未出现明显的上升，很多没有限购的城市，未销售房屋的存量仍然相当巨大，而在一线城市的核心区域，则仍然是一房难求。这样的一种结构性矛盾，意味着

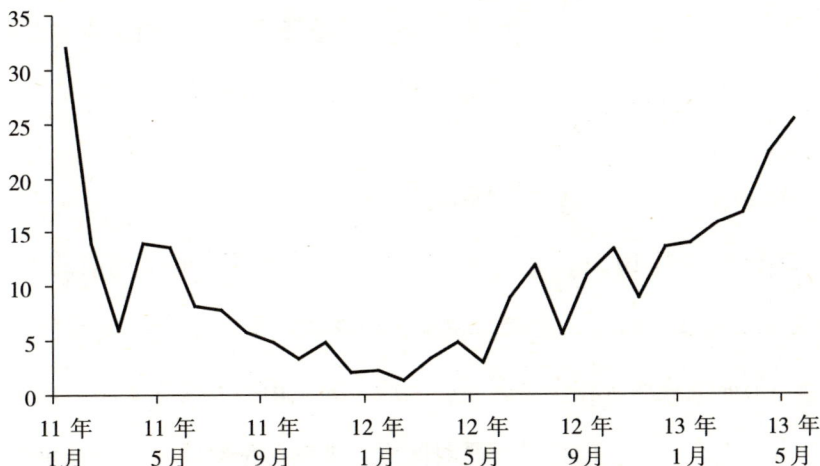

来源：彭博，澳新研究

图 12 中国土地溢价率（%）

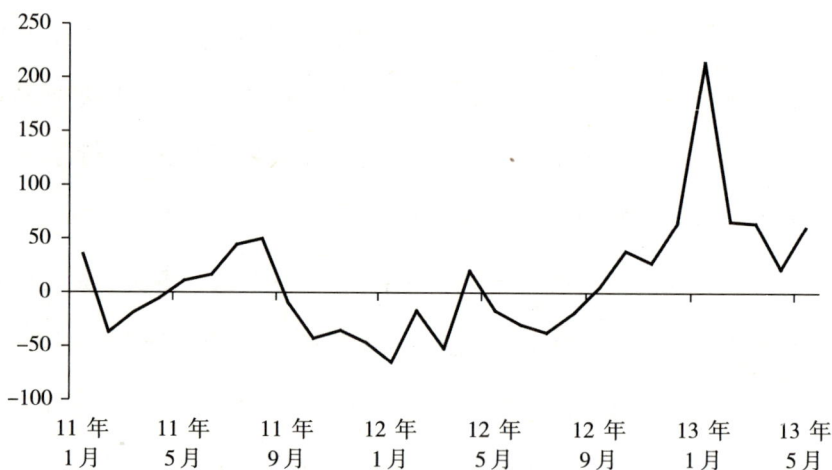

来源：彭博，澳新研究

图13　中国土地成交总额（同比）

房地产市场的调控，远远不是单独的货币政策可以解决的。

　　将以上的观点综合起来，我们认为，将抑制房价寄托于货币政策是愚蠢的。事实上，我们更需要检讨是否过高的利差和强势的汇率政策在一定程度上推高了房价——因为这提高了融资成本，加剧了资本流入。从这个角度来说，降息反而是必选项之一。

3. 真正盯住"一篮子"货币

　　2012 年 4 月 16 日，人民币兑美元的交易波动区间从此前的 +／-0.5% 扩大至 +／-1%。技术上说，这应该会增加人民币兑美元的日间波动。但研究表明，在交易区间扩大后，人民币的波动率反而出现了下降。事实上，在过去的很长一段时间内，即期汇率紧紧跟随中间价的走势。举例来说，如果央行将人民币兑美元的中间价在今天高开 100 个点、但在明天低开 200 个点，人民币兑美元的收盘价也将跟随这样的走势。这样的现象在 2013 年 4 月之后更加明显，我们也看到了人民币中间价的波动性其实比收盘价更高。从这个角度来说，人民币的波动率主要受到中间价的驱动，事实上也脱离了改革的初衷。（参见图 14）

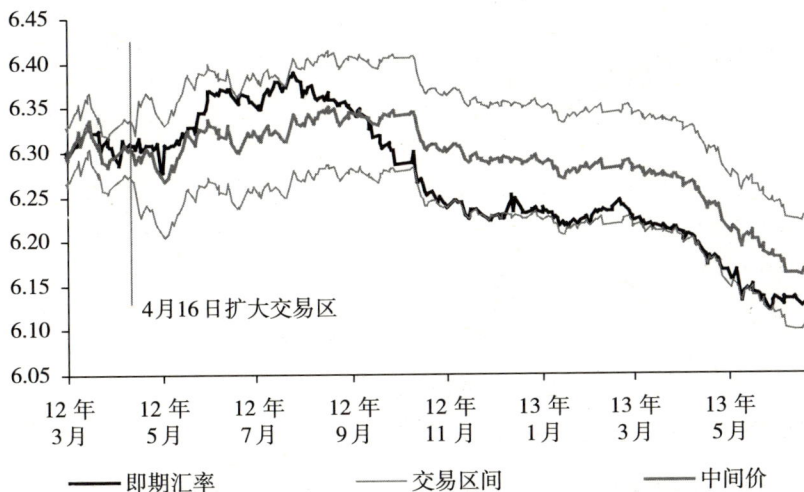

4月16日扩大交易区

——即期汇率　　——交易区间　　——中间价

来源：彭博，澳新研究

图 14　人民币汇率

人民币汇改的重要方面，是需要人民币真正盯住"一篮子"货币，但从我们的研究来看，人民币从 2012 年第四季度以来逐步走强，开始脱离"一篮子"货币的表现，意味着中国央行事实上减少了对市场的干预。这样的一种做法固然可以减少市场流动性的增加，避免通胀的压力，但也导致了市场对于人民币汇率形成机制的猜测。（参见图 15）

我们认为，中国央行可以借鉴新加坡的爬行汇率模式，来逐步实现人民币的汇率改革。

新加坡采取盯住"一篮子"货币、以贸易权重加权的爬行区间的汇率形成机制。新加坡货币盯住新加坡元的名义有效汇率，因为名义有

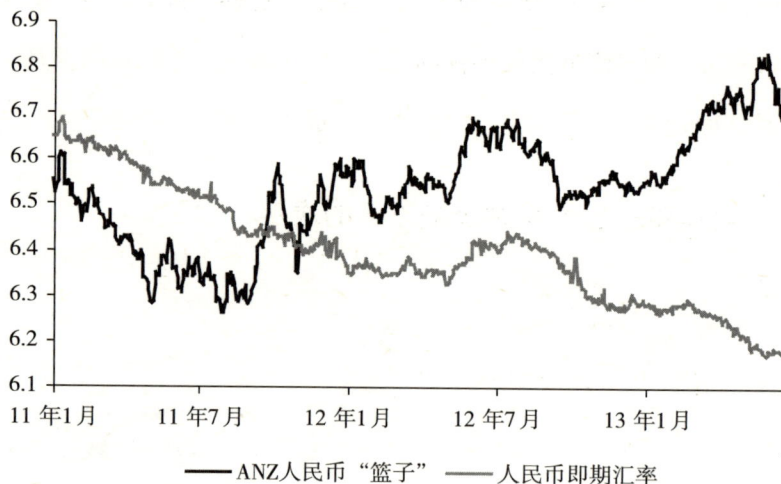

来源：彭博，澳新研究

图 15　中国—人民币"篮子"

效汇率体现了新加坡元的国际竞争力，这对于一个依赖出口的经济体来说，显得非常合理。

明确了汇率指标后，新加坡货币当局对三个具体指标进行调整，分别为新加坡元名义有效汇率的交易区间、交易中点以及交易区间的斜率。具体来说，如果需要紧缩货币政策，新加坡货币当局采取的政策是提高交易中点以及提高交易区间的斜率，这意味着新加坡元的逐步升值，由于本币升值将降低总需求，最终将起到为经济降温的效果。

每当在实际交易中新加坡元触碰到交易区间的上限或者下限，新加坡金管局就会干预市场，而市场一旦发现被干预，就会主动寻求在交易区间内交易。当然，这也体现了市场相信金管局维护交易区间的决心。

新加坡每年召开两次货币政策会议，在每次会议后，都会公布一次正式的利率决议。但在利率决议中，不会公布具体的变动幅度，仅使用

"提高交易中点"或者"加大交易区间斜率"这样的说法。这种相对中性的说法，有利于降低央行干预的成本。

三、中期策略：理性考虑金融改革的次序

1. 资本账户开放不可单兵突进

从宏观角度来看，人民币资金的流入造成了一个新的问题，即此前市场关心的外汇占款指标可能在一定程度上低估了资本流入的规模，这是因为人民币资金流入不会进入外汇占款的统计口径。这是因为人民币资金可以长驱直入，并不需要通过外汇市场进行结售汇。

当然，人民币资本流入在其他指标上可以有所反映，比如说广义货币供应指标 M2，2013 年以来广义货币供应量的增速也一直"超标"，在某种程度上可能受到了人民币海外资金流入的影响。

与以往相比，离岸人民币市场的发展，造成了中国的货币政策的决策和执行难度加大。这是因为，在资本流入的状况下，中国将面临通胀的压力。另一个可能的现象是，通胀的表现可能还比较正常，但资产价格却可能出现明显的上升。这也需要央行提高利率来管理通胀和资产价格上涨的预期。

但正像上文提到的那样，提高利率水平却带来另一个问题，即境内外的利差进一步扩大，这导致了热钱流入的兴趣更加浓厚。此外，在整体经济表现不佳的大背景下，贸然加息也可能导致整体经济面临更大的困难。

动用利率之外，信贷总额管理也是央行习惯动用的手段，但信贷管理往往带来的是民营企业被隔离出正规银行体系，并导致影子银行体系活动的加剧，并最终导致市场实际利率的提高。

需要指出的是，在管制利率环境下，商业银行的借贷利率水平并不能真正反映货币政策的立场，这也导致了货币政策的困难。

另一方面，企业过度的套利对于实体经济的伤害也是显而易见的。这是因为企业开始变得"金融化"，并追逐相对容易的利润，却将主业作为从事金融活动的"工具"。举例来说，大宗商品企业摇身一变，变身为交易平台；国有企业四处拿地，成为了房地产企业；而出口企业则不断地根据境内外汇率和利率的变化来安排进出口，并以此套取境内外的利差和汇差。

对于整个经济体来说，企业的过度投机和金融化将导致竞争力的减弱，同时也为整个金融体系埋下了危机的种子。

这些现象都指向了中国金融改革的次序问题，热钱流入代表的是资本账户开放，但国内相对僵硬的利率和汇率变化体系，却反映了金融市场化推进较为缓慢的现实问题。最近的状况也表明，如果任由资本账户开放和人民币国际化单兵突进，那么未来可能带来更加严重的问题。

2. 利率市场化应为先导

事实上，人民币国际化背后隐含着金融开放逻辑，了解了这些逻辑，才能真正做到有计划、有步骤地推动人民币国际化，而非盲目为了实现"国际化"而推动"国际化"。在这些金融逻辑的背后，境内人民币利率市场化不仅是当然的先行者，也是重要的基石。

周小川行长此前特别提到,"十二五"期间,利率市场化将有明显进展。这表明,货币政策制定者也清楚认识到,利率市场化将成为各项金融开放的重要保障。

在资本账户开放过程中,有这样三个方面:一是与贸易和实体经济息息相关的资本账户开放,如外商直接投资和贸易信贷;二是组合投资(Portfolio Investment);三是短期资本流动,非居民所持的新兴市场经济货币以及金融衍生工具的自由化。要产生可发展成为系统性危机的新的风险,资本账户开放的第三个组成部分是必不可少的。

很多人在事后提出,如果不开放资本账户第三个部分,1997年中国香港地区和马来西亚的金融危机不就可以避免了?

这样的答案,只能贻笑大方。金融自由化是一个系统性的工程,如果"头痛医头,脚痛医脚",最终结果只能是到处补漏。

根据中国面临的国内外环境,分步骤逐步实施金融自由化,才是正确的方法,一个明确的金融自由化时间表和分步实施图,在实现人民币国际化中显得非常重要。同时,脱离金融自由化而单兵突进人民币国际化,也可能造成严重的金融配套失衡,最终出现如马来西亚一般被国际金融巨鳄阻击的悲剧。

那么,在中国目前的条件下,如何有序地推动金融自由化,不断推进人民币国际化呢?

与10年前相比,中国已经具备实现金融逐步自由化的基本条件。在将近10年的时间内,中国银行业进行了大规模的改革,其中通过引进外资战略股东等,逐步实现产权多元化,在中国银行业改革中起到至关重要的作用。产权多元化不仅为银行增加了资本金,同时也为银行解决了产权完全国有化带来的激励机制缺失和资源配置非市场化的问题。

有效的银行改革需要以国内金融自由化为补充。然而，国内金融自由化也会带来相当程度的风险。这种风险包括由于利差缩小所产生的较低的银行利润，可能会促使银行进行较大风险的活动，包括向房地产和股票市场提供过度的投机贷款，这样就使得资产泡沫更容易出现。同时，由于金融自由化逐步降低银行准入门槛，小银行为了吸引存款，可能会过度提高存款利率来赌贷。

保持银行的特许权价值，国内金融自由化主要以分阶段实现利率自由化为中心。短期和长期利率应根据市场情况进行自由化，这样可避免倒置收益曲线，避免借款期限结构向短期靠拢，避免在资本账户开放的情况下，其向短期的外汇债务靠拢。特别是如果短期商业票据的自由化先于中长期公司债券（既包括发行条件的自由化，也包括利率的自由化），总会存在把商业票据用作长期商业投资的风险，并因此加剧期限失配。

周小川最近的讲话也表达了将在未来5年里努力推进利率市场化的观点，表现出对市场竞争不够公平和透明的担忧。这样的担忧并非没有道理。在利率自由化过程中，如果中国选择将贷款利率先行自由化，那么由于贷款资源紧张，贷款利率不可避免上调，从而带来国内银行利差的扩大。

而看到利差扩大带来的利润增加后，银行本身将很可能不愿意主动推动存款利率自由化，这将导致对存款者的不公平。而在银行体系内，国有银行、政策性银行也可能获得超市场待遇，这也将带来对其他竞争者的不公平。

同时，国内金融自由化的过程中，也将伴随着外国金融企业的有选择进入。历史经验表明，即使没有资本账户自由化，未能按适当顺序进行的国内金融自由化也可能会导致国内发生金融危机，例如北欧国家的经验以及本世纪初发生在日本的银行问题。

3. 债券市场至关重要

债券市场的发展也是利率市场化的重点，中国的债券市场存量不可谓不大，但换手率却低得可怜。同时，债券市场以国债和政策性金融债为主，公司债也以大型国有企业以及城投债券为主，这样的结构表明债券市场仍然没有真正向全社会开放，而债券市场是建立信用体系的重要基石，未来中国不仅需要深化债券市场的深度和广度，也需要引入大量成熟市场的信用评级机构来完善信用体系。（参见表1）

表1

	国债	央行票据	政策性银行债券	金融债券	企业债券	中期票据	商业票据	资产抵押债券	熊猫债券
货币	人民币								
期限	3月~50年	3月~3年	3月~30年	1年~30年	3年~30年	2年~10年	<1年	9月~32年	7年~10年
总金额（10亿人民币）	8074	1344	7858	1265	2301	2492	1155	8	4
发行者	财政部	人民银行	政策性银行	商业银行	企业	企业	企业	信托	国外发行者
结算	T+0/T+1								
流动性	高	高	高	低	低	高	高	低	低

国债—中国政府债券，由财政部发行。

央行票据—公开市场操作工具由中国人民银行发行。

政策性银行债券—由3个政策性银行发行（中国国家开发银行、中国农业发展银行和进出口银行），由中国政府担保的债券。

金融债券—由国内银行或外资银行子公司发行的债券为主。

企业债券—由企业发行的债券。

中期票据—由企业发行的中期票据。

商业票据—指短期（<1年）由企业发行的固定收益证券。

资产抵押证券—资产抵押证券。

熊猫债券—境外国际机构在中国发行的人民币债券，如亚洲开发银行、世界银行。

同时，中国也应该建立更加透明的地方政府发债机制，以避免地方债务风险过度集中在银行领域，从而影响利率市场化的步伐。

中国政府完全可以通过一些机制的建设来防止地方政府过度发债。第一，地方政府发债之前，必须遵守一套由财政部发布的相对严格的财政法则。比如，要求地方政府采纳《平衡预算法》和《地方政府最高负债法》，从法律上限制和防止地方政府过度发债。

第二，通过引进国内外有较好信誉的评级机构、使地方债市场更加透明化。地方政府需要向市场公开其资产和负债水平，这意味着地方政府将大幅降低对其资产和资源的自由支配权。在市场化机制下，"惩罚机制"也将更加直接，举例来说，一旦地方政府不能够向市场提供透明和准确的信息，同时其资产状况较差，其投资项目不能得到市场的认同，那么市场也将很容易地用脚投票——拒绝购买其发行的债券，或者抛售其债券。而如果某些地方债突然遭遇抛售，也必须向市场澄清其资产状况，公开更多的信息，在不断的碰撞与交流中，市场机制得到完善、投资者和发债者都将获得成长，而中央政府也将因为"松手"让地方发债而与地方政府的财政划清了界限，这有利于多层市场信用机制的形成，也有利于在此基础上开发更多的信用衍生品，并推动市场利率发现功能的进一步完善。

第三，地方人大和纳税人也可以对地方财政进行监督。这将使地方的基建项目为当地的纳税人服务，减少重复建设，对抑制地方政府腐败也有帮助。通过对地方财政的监督，地方人大可以更有效地行使其立法和监督的职权。

从这些方面来看，好的机制的建设是完全可以防止地方政府过度发债。而这些制度的建设不仅可以促进中国资本市场的快速发展，也可以推进中央、市场和地方人大对地方财政的有效监督。这不仅能促进地方经济发展，也可以分散和减低中国银行系统风险，使中国经济重回一个可持续增长的路径。更重要的是，这种监督机制的建设也可以使虚拟的地方人大实权化，有效推进社会主义民主机制的建设。

4. 资本账户应择机开放

由于利率自由化、外资金融机构逐步进入带来的资本账户"变相开放"，也为资本账户完全开放带来了相当的压力。一味推迟资本账户的开放，反而会为宏观经济政策带来困扰，中国目前面临的"热钱流入"问题事实上就是一例。

盲目开放资本账户，也使本国经济完全开放在国际资本的视野中，东南亚诸国在1997~1998年亚洲金融危机中的遭遇也是资本账户开放下遭遇国际资本阻击，并最终导致金融危机的实例。

实际的国内金融自由化是最终实现资本账户开放的必要条件。如果未能建立适当的核心制度和有效的国内金融自由化，更快地开放资本账户只能会由于金融自由化和资本账户开放监管不力的相互作用，而给银行和非银行金融制度提供过度冒险的机会。

东亚的经验表明，金融自由化优先顺序安排的主要问题是忽视了核心制度的建设，从而出现审慎管理松弛和公司治理问题，随着金融自由化和资本账户开放的力度加大，短期外债迅速积累，导致货币与偿还期严重错配，带来巨大风险。

在国内金融市场化的同时，应不断完善"核心制度"的建设。这些核心制度应包括法治的有效性、明晰的产权和债权人权利、更好的会计准则、适当的公司治理标准、明晰的小股东权利、严格的审慎监督及对具有更好风险管理技术的人力资源强烈的需求。要达到这些目标，需要时间和出于实用的考虑而做出的权衡抉择。从现状看，中国的"核心制度"建设距离国际水平仍有相当差距。其实，引入竞争和外资金融机构进入中国金融市场有利于加快建立中国的"核心制度"。

在国内金融自由化没有实现和"核心制度"尚待完善的情况下，资本账户的开放仍需采取"谨慎"加"缓步"的策略，而不应置于中国金融自由化的短期策略之中。

在资本账户逐步开放的情况下，应引入更灵活的汇率体制，对付所谓的"三难困境"，以保持反通胀的货币政策的独立性，而不受资本流动影响而引起的国际总收支波动。

但由于中国金融市场规模较小，大量的资本流动会使汇率和国内资产价格出现剧烈波动，并因此破坏贸易、外国直接投资和国内资本市场的稳定发展。

因此，一种介于自由浮动和硬性挂钩之间的中间汇率体制是比较理想的选择。由于货币贬值和资产负债表在短期内的恶化可能会带来严重的双重危机，还应考虑建立区域性的最后贷款人机制，以防止资本账户危机下的汇率崩溃。

结论

总体来看，中国在利率自由化资本账户开放和汇率弹性化方面仍有较多的工作没有完成，在这种情况下，贸然推进人民币国际化，可能会使国内金融体系面临较大的风险。

从目前的情况看，市场的目光大多集中在人民币国际化身上，而忽视了其他配套措施的建设，同时，这些配套措施的建设也存在着严格的次序问题。比如以利率自由化为核心的国内金融自由化应为金融全面自由化的第一步。在缺乏国内金融自由化的大背景下，奢谈 QDII 等资本账户开放项下的具体举措，事实上是一种缺乏大局观的反应。

当然，我们也认为，尽管利率市场化应该作为整个金融体系改革和资本账户开放的基础，但资本账户开放的进程也可以与之共同推进，相辅相成。

在资本账户开放的讨论和时间表中，中国的官方应采取谨慎的态度和提高风险意识，同时也需要认清现状和目前的国际金融形势。此外，改革的次序不能光考虑"先易后难"，而应该更多地从经济和金融全局进行考量。

图书在版编目（CIP）数据

中国经济如何化险为夷 / 夏斌 主编. —北京：东方出版社，2013.7
（首席经济学家论坛）
ISBN 978-7-5060-6518-4

Ⅰ.①中…　Ⅱ.①夏…　Ⅲ.①中国经济—研究　Ⅳ.①F12

中国版本图书馆 CIP 数据核字（2013）第 155200 号

首席经济学家论坛：中国经济如何化险为夷
（SHOUXI JINGJIXUEJIA LUNTAN：ZHONGGUO JINGJI RUHE HUAXIANWEIYI）

主　　编：夏　斌
责任编辑：徐　玲　龚　雪
出　　版：东方出版社
发　　行：人民东方出版传媒有限公司
地　　址：北京市东城区朝阳门内大街 166 号
邮政编码：100706
印　　刷：北京京都六环印刷厂
版　　次：2013 年 8 月第 1 版
印　　次：2013 年 8 月第 1 次印刷
印　　数：1—8000 册
开　　本：710 毫米×1000 毫米　1/16
印　　张：8
字　　数：95 千字
书　　号：ISBN 978-7-5060-6518-4
定　　价：32.00 元
发行电话：(010) 65210056　65210060　65210062　65210063